아랍어 왕초보가 꼭 봐야 될

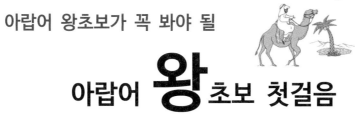

아랍어 **왕**초보 첫걸음

개정판

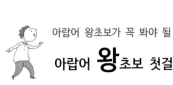

아랍어 왕초보가 꼭 봐야 될

아랍어 **왕**초보 첫걸음  개정판

---

초판 1 쇄 2012 년 6 월 25 일
개정 1 쇄 2018 년 7 월 16 일

저　　자 박미선
발 행 인 윤우상
총　　괄 윤병호
책임편집 최다연
발 행 처 송산출판사
주　　소 서울특별시 서대문구 통일로 32 길 14 (홍제동)
전　　화 (02) 735-6189
팩　　스 (02) 737-2260
홈페이지 http://www.songsanpub.co.kr
등록일자 1976 년 2 월 2 일. 제 9-40 호


ISBN　　978-89-7780-247-6　13790

아랍어 왕초보가 꼭 봐야 될

아랍어 **왕**초보 첫걸음

개정판

박미선 저

송산출판사

# 머리말

　아랍어는 UN이 지정한 국제 기구의 공용어로써 사우디 아라비아, 요르단, 이라크, 이집트, 리비아 등 23여개의 국가가 현재 사용하고 있습니다. 현재 수능에서 제 2 외국어로 지정되어 아랍어를 접하는 인구가 많아지고 있는 실정입니다. 경제분야 및 문화 등 여러 방면에서 아랍어를 사용할 수 있는 인재를 요구하는 시점에서 좀 더 쉽게, 이해하고, 즐길 수 있는 아랍어 교재를 만들기 위해 노력하였습니다. 중동 지역의 국가와의 교역관계가 하루가 다르게 증대되는 추세이고 지속적인 시장개척이 시도되고 있어 무역어로서 아랍어에 대한 관심이 날로 늘어 가고 있습니다.

　언어가 역사이고 문화이기 때문에 아랍어를 익힘으로써 그 지역에 대한 문화에 대한 깊은 이해를 할 수 있는 토양이 될 수 있습니다.

아랍어를 배우는데 있어서 무엇보다도 중요한 것은 기본적인 문법을 알고 활용하는 연습을 하는 것입니다. 아랍어 글자 공부가 어렵다고 한국말로 몇몇 단어만을 공부하고 회화만 구사하려는 시도는 자칫 아랍어 학습에 대한 흥미를 잃을 수 있습니다. 따라서 《아랍어 왕초보가 꼭 봐야 될 아랍어 왕초보 첫걸음》은 아랍어 글자를 익히는데 중점을 두고, 문자를 잘 쓸 수 있고, 말할 수 있게 한 다음 간단한 표현과 함께 문법을 같이 공부함으로써 그 기본을 탄탄하게 하는데 가장 큰 목적을 두고 저술하였습니다. 그리고 초급자의 학습 부담을 줄이고 흥미 유발을 하도록 책 디자인을 구성하였습니다.

세상을 향한 넓은 시야를 갖고자 하는 분들에게 아랍어 학습을 권하며 이 책이 나올 때까지 힘써주신 모든 분들께 감사의 말씀을 드립니다.

2018년 6월 13일
저자 **박 미 선**

# 차 례

# 1

## 아랍어 공부 시작하기

**아랍어 공부 시작하기**

# ❶ 아랍어 자음과 모음

- ℮ 아랍어 모음 : 3 개
- ℮ 아랍어 자음 : 28 개
- ℮ 이렇듯 아랍어는 모음이 적어 자음에서 세밀한 발음의 차이가 나게 된다.
- ℮ 〈한국어와 아랍어 모음, 자음 수의 비교〉

|  | 한국어 | 아랍어 |
|---|---|---|
| 모음 | 10 개 | 3 개 |
| 자음 | 14 개 | 28 개 |

- ℮ 위의 표에서 보듯이 아랍어의 자음 개수는 한국어 자음 개수의 2 배다. 그래서 자음에 비슷한 발음을 가진 글자가 있어 처음 공부하시는 분들에게는 다소 혼란스러우실 수 있으나, 학습자분들께서 정말 새로운 언어를 한다는 마음가짐으로 임하신다면 쉽게 적응하실 것으로 기대한다.

# ❷ 아랍어 학습 조언

1) 새로운 글자는 뇌가 받아들이는 시간이 필요하다. 당연히 쉽게 외워지지 않는다. 한 번에 바로 외운다는 큰 욕심을 버리고 조금씩 꾸준히 반복하면 외울 수 있다.
2) 아랍어는 기초 문법을 독학으로 하면 시간이 너무 걸린다. 전문가의 지도를 받으면 한달 이내로 아랍어 단어를 읽게 된다.
3) 아랍어는 누구나 마음만 먹으면 배울 수 있는 언어다. 꼭 관련 학과 대학을 나와서 비싼 대학 등록금을 내고 부모님 집을 떠나 공부할 필요가 없다. 제주도에서도 화상 강의로 아랍어를 배울 수 있게 시스템을 만들어 놓았다. 아무쪼록 누구나 마음만 먹으면 공부할 수 있도록 몸이 불편한 사람, 병원에서 누워 공부하고 싶은 사람까지 아랍어 공부할 수 있는 여건을 만드는 데 힘쓰겠다.

## ❸ 아랍어 글자개요 – 자음 28 개

🔊 01

| 독립형 | 어말 | 어중 | 어두 |
|:---:|:---:|:---:|:---:|
| أ | ـأ | ـأ | أ |
| ب | ـب | ـبـ | بـ |
| ت | ـت | ـتـ | تـ |
| ث | ـث | ـثـ | ثـ |
| ج | ـج | ـجـ | جـ |
| ح | ـح | ـحـ | حـ |
| خ | ـخ | ـخـ | خـ |
| د | ـد | ـد | د |
| ذ | ـذ | ـذ | ذ |
| ر | ـر | ـر | ر |
| ز | ـز | ـز | ز |
| س | ـس | ـسـ | سـ |
| ش | ـش | ـشـ | شـ |
| ص | ـص | ـصـ | صـ |

| 독립형 | 어말 | 어중 | 어두 |
|---|---|---|---|
| ض | ض | ـضـ | ضـ |
| ط | ـط | ـطـ | طـ |
| ظ | ـظ | ـظـ | ظـ |
| ع | ـع | ـعـ | عـ |
| غ | ـغ | ـغـ | غـ |
| ف | ـف | ـفـ | فـ |
| ق | ـق | ـقـ | قـ |
| ك | ـك | ـكـ | كـ |
| ل | ـل | ـلـ | لـ |
| م | ـم | ـمـ | مـ |
| ن | ـن | ـنـ | نـ |
| ه | ـه | ـهـ | هـ |
| و | و | و | و |
| ي | ـي | ـيـ | يـ |

# 2

## 아랍어 자음쓰기

## 아랍어 자음쓰기 1 أ

🔊 03

| أ | 알리프 와 함자 | أ | ← 함자 |
| | Alif wa hamza | | ← 알리프 |

أ أ أ
أ أ أ

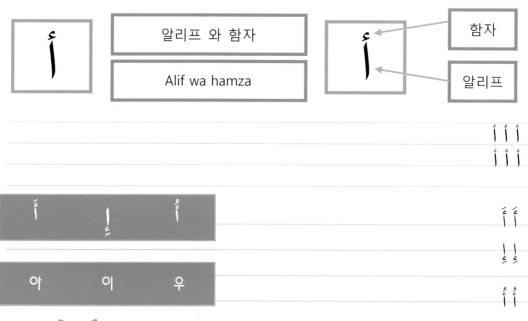

| أ | إِ | أ |
| 아 | 이 | 우 |

أَ أَ
إِ إِ
أُ أُ

## 아랍어 자음쓰기 2 ب

🔊 04

| ب | با |
| | Baa |

아랍어글자는 오른쪽에서 왼쪽
으로 써 나가는 것이 특징

ب ب ب
ب ب ب

| بُ | بِ | بَ |
| 바 | 비 | 부 |

بَ بَ
بِ بِ
بُ بُ

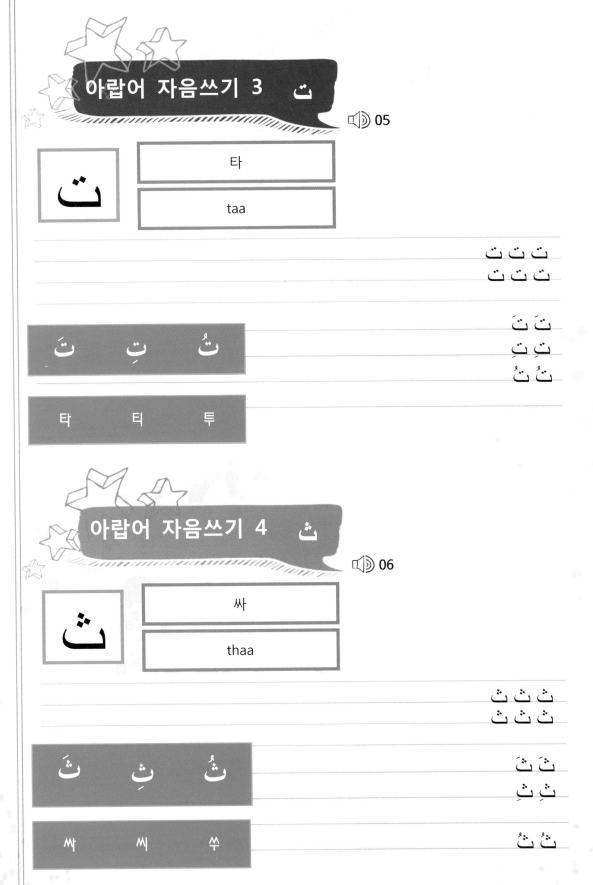

아랍어 자음쓰기 3　ت

🔊 05

ت

타

taa

ت ت ت
ت ت ت

تُ　تِ　تَ

ثَ تَ
تِ تِ
تُ تُ

타　티　투

아랍어 자음쓰기 4　ث

🔊 06

ث

싸

thaa

ث ث ث
ث ث ث

ثُ　ثِ　ثَ

ثَ ثَ
ثِ ثِ

싸　씨　쑤

ثُ ثُ

## 아랍어 자음쓰기 5 ج

🔊 07

| | |
|---|---|
| ج | 짐 |
| | Jim |

ج ج ج
ج ج ج

| ج | ج | ج |
|---|---|---|
| 자 | 지 | 주 |

ج ج
ج ج
ج ج

## 아랍어 자음쓰기 6 ح

🔊 08

발음의 특징: 무성음, 입김소리

| | |
|---|---|
| ح | 하 |
| | Haa |

ح ح ح
ح ح ح

| ح | ح | ح |
|---|---|---|
| 하 | 히 | 후 |

ح ح
ح ح
ح ح

16

## 아랍어 자음쓰기 7  خ

🔊 09

| خ | 카 |
|---|---|
|  | Khaa |

발음의 특징: 무성음에서 목 넘기는 소리

خ خ خ
خ خ خ

| خَ | خِ | خُ |
|---|---|---|
| 카 | 키 | 쿠 |

خَ خَ خَ
خِ خِ خِ
خُ خُ

## 아랍어 자음쓰기 8  د

🔊 10

| د | 다 |
|---|---|
|  | daal |

د د د
د د د

| دَ | دِ | دُ |
|---|---|---|
| 다 | 디 | 두 |

دَ دَ دَ
دِ دِ
دُ دُ

17

## 아랍어 자음쓰기 9　ذ

🔊 11

| ذ | 다 |
|---|---|
| | dhaal |

ذ ذ ذ ذ ذ ذ
ذ ذ ذ ذ ذ ذ

| دَ | دِ | دُ |
|---|---|---|

ذَ ذَ
ذِ ذِ
ذُ ذُ

| 다 | 디 | 두 |
|---|---|---|

## 아랍어 자음쓰기 10　ر

🔊 12

| ر | 라 |
|---|---|
| | Raa |

발음의 특징: 혀를 꼬는 소리

ر ر ر
ر ر ر

| رُ | رِ | رَ |
|---|---|---|

رَ رَ
رِ رِ
رُ رُ

| 라 | 리 | 루 |
|---|---|---|

## 아랍어 자음쓰기 11 ز

🔊 13

| ز | 자이 |
|---|---|
| | Zai |

ز ز ز
ز ز ز

| زَ زِ زُ | | |
|---|---|---|
| 자 | 지 | 주 |

زَ زَ

زِ زِ

زُ زُ

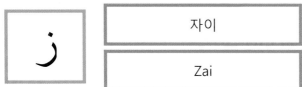

## 아랍어 자음쓰기 12 س

🔊 14

| س | 씬 |
|---|---|
| | sin |

س س س
س س س

| سَ سِ سُ | | |
|---|---|---|
| 싸 | 씨 | 쑤 |

سَ سَ

سِ سِ

سُ سُ

## 아랍어 자음쓰기 13 ش

🔊 15

| ش | 쉰 |
|---|---|
| | Shin |

ش ش ش

ش ش ش

| شَ | شِ | شُ |
|---|---|---|

شَ شَ

شِ شِ

| 샤 | 쉬 | 슈 |
|---|---|---|

شُ شُ

## 아랍어 자음쓰기 14 ص

🔊 16

| ص | 솨아드 |
|---|---|
| | Saad |

ص ص ص

ص ص ص

| صَ | صِ | صُ |
|---|---|---|

صَ صَ

صِ صِ

| 솨 | 쉬 | 수 |
|---|---|---|

صُ صُ

## 아랍어 자음쓰기 15  ض

🔊 17

| ض | 돠아드 |
|---|---|
|   | Daad |

ض ض ض
ض ض ض

| ضُ | ضِ | ضَ |
|---|---|---|
| 두 | 뒤 | 돠 |

ضَ ضَ
ضِ ضِ

ضُ ضُ

## 아랍어 자음쓰기 16  ط

🔊 18

| ط | 따 |
|---|---|
|   | Taa |

ط ط ط
ط ط ط

| طُ | طِ | طَ |
|---|---|---|
| 뚜 | 뛰 | 따 |

طَ طَ
طِ طِ

طُ طُ

## 아랍어 자음쓰기 17  ظ

🔊 19

| ظ | 좌 |
| | zdaa |

ظ ظ ظ
ظ ظ ظ

| ظ | ظ | ظ |
| 좌 | 쥐 | 주 |

ظَ ظَ
ظِ ظِ
ظُ ظُ

## 아랍어 자음쓰기 18  ع

🔊 20

| ع | 아인 |
| | Ain |

ع ع ع
ع ع ع

| عُ | عِ | عَ |
| 아 | 이 | 우 |

عَ عَ
عِ عِ
عُ عُ

# 아랍어 자음쓰기 19 غ

🔊 21

| غ | 가인 |
|---|---|
|   | Ghain |

غ غ غ
غ غ غ

غَ غَ

غِ غِ

غُ غُ

| غُ | غِ | غَ |
|---|---|---|
| 가 | 기 | 구 |

# 아랍어 자음쓰기 20 ف

🔊 22

| ف | 파 |
|---|---|
|   | Faa |

ف ف ف
ف ف ف

فَ فَ

فِ فِ

فُ فُ

| فَ | فِ | فُ |
|---|---|---|
| 파 | 피 | 푸 |

| ق | 까 |
|---|---|
|  | qaaf |

ق ق ق
ق ق ق

| قُ | قِ | قَ |
|---|---|---|

قَ قَ
قِ قِ

| 꾸 | 끼 | 까 |
|---|---|---|

قُ قُ

| ك | 카프 |
|---|---|
|  | Kaaf |

ك ك ك
ك ك ك

| كُ | كِ | كَ |
|---|---|---|

كَ كَ

كِ كِ

| 쿠 | 키 | 카 |
|---|---|---|

كُ كُ

# 아랍어 자음쓰기 23 ل

🔊 25

| | |
|---|---|
| ل | 람 |
| | Laam |

ل ل ل

ل ل ل

| | | |
|---|---|---|
| لَ | لِ | لُ |
| 라 | 리 | 루 |

لَ لَ

لِ لِ

لُ لُ

# 아랍어 자음쓰기 24 م

🔊 26

| | |
|---|---|
| م | 밈 |
| | miim |

م م م

م م م

| | | |
|---|---|---|
| مَ | مِ | مُ |
| 마 | 미 | 무 |

مَ مَ

مِ مِ

مُ مُ

# 아랍어 자음쓰기 25 ن

🔊 27

| ن | 눈 |
|---|---|
|   | Nun |

ن ن ن

ن ن ن

| نَ | نِ | نُ | نَ نَ |
|---|---|---|---|
|   |   |   | نِ نِ |
| 나 | 니 | 누 | نُ نُ |

# 아랍어 자음쓰기 26 ه

🔊 28

| ه | 하 |
|---|---|
|   | haa |

ه ه ه
ه ه ه

| هَ | هِ | هُ | هَ هَ |
|---|---|---|---|
|   |   |   | هِ هِ |
| 하 | 히 | 후 | هُ هُ |

🔊 29

| | 와 |
|---|---|
| و | Waa |

ووو
ووو

| وَ | وِ | وُ |
|---|---|---|
| 와 | 위 | 우 |

وَ وَ

وِ وِ

وُ وُ

🔊 30

| | 야 |
|---|---|
| ي | yaa |

ي ي ي
ي ي ي

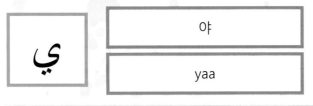

| يَ | يِ | يُ |
|---|---|---|
| 야 | 이 | 유 |

يَ يَ

يِ يِ

يُ يُ

27

# 3

## 아랍어 표기

# ① 아랍어 표기

- 아랍어는 기본적으로 오른쪽에서 왼쪽으로 쓴다.
- 아랍어 단어는 기본적으로 3 개의 자음으로 이루어지며 위치에 따라 자음모양이 바뀐다. 오른쪽에서 맨 앞 글자를 "어두" 중간은 "어중" 맨 끝 글자는 "어말" 또는 "어미" 라고 한다.

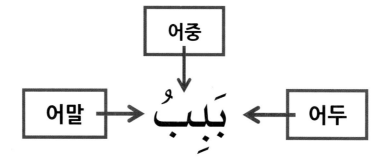

- 아랍어는 위치에 따라서 글자가 조금씩 바뀐다
- 한 개씩 따로 배운 글자를 독립형이라고 하고, 위치가 어중, 어미, 어말일 때 각기 그 형태가 변화한다
- 아랍어 표기를 정확하게 익히지 않으면 아랍어 단어를 읽을 수가 없다.

# ② 아랍어 표기 변화 예

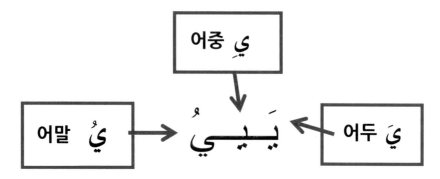

뒤에 글자와 연결 되지 않는 글자

| أ | د | ذ | ر | ز | و |
|---|---|---|---|---|---|

**ex**

| أ دَ بَ | ➡ | بَدَأ |
|---|---|---|
| دَ رَ سَ | ➡ | دَرَسَ |
| ذَ هَ بَ | ➡ | ذَهَبَ |
| رَ كَ بَ | ➡ | رَكَبَ |
| وَ عَ دَ | ➡ | وَعَدَ |
| أ كَ لَ | ➡ | أكَلَ |
| كَ تَ بَ | ➡ | كَتَبَ |
| سَ مِ عَ | ➡ | سَمِعَ |

| قَرَأ | وُلِدَ | وَصَلَ | وَجَبَ |
|---|---|---|---|

## 아랍어 표기 연습 1, 2

🔊 31, 32

| 독립형 | 어미, 어중, 어두 | |
|--------|----------------|---|
| أ | أَإِأُ | |
| ب | بَبِبُ | |
| ت | تَتِتُ | |
| ث | ثَثِثُ | |
| ج | جَجِجُ | |
| ح | حَحِحُ | |
| خ | خَخِخُ | |

| 독립형 | 어미, 어중, 어두 | |
|--------|----------------|---|
| د | دَدِدُ | |
| ذ | ذَذِذُ | |
| ر | رَرِرُ | |
| ز | زَزِزُ | |
| س | سَسِسُ | |
| ش | شَشِشُ | |
| ص | صَصِصُ | |

| 독립형 | 어미, 어중, 어두 |
|---|---|
| ض | ضَضِضُ |
| ط | طَطِطُ |
| ظ | ظَظِظُ |
| ع | عَعِعُ |
| غ | غَغِغُ |
| ف | فَفِفُ |
| ق | قَقِقُ |

| 독립형 | 어미, 어중, 어두 |
|---|---|
| ك | كَكِكُ |
| ل | لَلِلُ |
| م | مَمِمُ |
| ن | نَنِنُ |
| ه | هَهِهُ |
| و | وَوِوُ |
| ي | يَيِيُ |

# 아랍어 기본 동사 읽기 1

🔊 35

| 동사 | 발음 | 뜻 |
|---|---|---|
| قَـرَأَ | 까라아 | 읽다 |
| كَتَبَ | 카타바 | 쓰다 |
| فَتَحَ | 파타하 | 열다 |
| ذَهَبَ | 다하바 | 가다 |
| خَرَجَ | 카라자 | 나가다 |
| دَرَسَ | 다라싸 | 공부하다 |
| جَلَسَ | 잘라싸 | 앉다 |

## 연습하기

دَرَسَ    قَـرَأَ    كَتَبَ    فَتَحَ    ذَهَبَ    خَرَجَ    جَلَسَ

| 동사 | 발음 | 뜻 |
|---|---|---|
| سَمِعَ | 싸미아 | 듣다 |
| عَمِلَ | 아밀라 | 일하다 |
| فَعَلَ | 파알라 | 하다 |
| غَسَلَ | 갓쌀라 | 씻다 |
| دَفَعَ | 다파아 | 지불하다 |
| لَبِسَ | 라비싸 | 입다 |

## 연습하기

لَبِسَ    دَفَعَ    غَسَلَ    فَعَلَ    عَمِلَ    سَمِعَ

# 4 아랍어 단모음과 장모음

## 아랍어 단모음

| ‾ | ╱ | و |
|---|---|---|
| 아 | 이 | 우 |

## 아랍어 장모음

| ‾ | ‾ | و |
|---|---|---|
| 아-- | 이-- | 우-- |

## 연습하기

| بَا | بِي | بُو |
|---|---|---|
| 바-- | 비-- | 부-- |

| صَا | صِي | صُو |
|---|---|---|
| 솨-- | 쉬-- | 수-- |

| هَا | هِي | هُو |
|---|---|---|
| 하-- | 히-- | 후-- |

| فَا | فِي | فُو |
|---|---|---|
| 파-- | 피-- | 푸-- |

| سَا | سِي | سُو |
|---|---|---|
| 싸-- | 씨-- | 쑤-- |

| دَا | دِي | دُو |
|---|---|---|
| 다-- | 디-- | 두-- |

| كَا | كِي | كُو |
|---|---|---|
| 카-- | 키-- | 쿠-- |

| نَا | نِي | نُو |
|---|---|---|
| 나-- | 니-- | 누-- |

| رَا | رِي | رُو |
|---|---|---|
| 라-- | 리-- | 루-- |

| تَا | تِي | تُو |
|---|---|---|
| 타-- | 티-- | 투-- |

| مَا | مِي | مُو |
|---|---|---|
| 마-- | 미-- | 무-- |

| قَا | قِي | قُو |
|---|---|---|
| 까-- | 끼-- | 꾸-- |

| جَا | جِي | جُو |
|---|---|---|
| 자-- | 지-- | 주-- |

| زَا | زِي | زُو |
|---|---|---|
| 자이- | 지이- | 주우- |

| ضَا | ضِي | ضُو |
|---|---|---|
| 돠-- | 뒤-- | 두-- |

| لَا | لِي | لُو |
|---|---|---|
| 라-- | 리-- | 루-- |

| عَا | عِي | عُو |
|---|---|---|
| 아-- | 이-- | 우-- |

# 아랍어 기본 동사 읽기

🔊 37

| 동사 | 발음 | 뜻 |
|---|---|---|
| سَافَرَ | 싸-파라 | 여행하다 |
| سَاعَدَ | 싸-아다 | 돕다 |
| شَاهَدَ | 샤-하다 | 보다 |
| غَادَرَ | 가-다라 | 떠나다 |
| قَابَلَ | 까-발라 | 만나다 |

## 연습하기

قَابَلَ     غَادَرَ     شَاهَدَ     سَاعَدَ     سَافَرَ

# 5

## 아랍어 기초문법

**아랍어 기초문법**

## ① 탄원

| A book 를 아랍어로 표현한다면? | هٗ ــٌ |

| 주격 | كِتَابٌ | 글자 끝에 붙는 것을 탄원 이라고 하며, 주격일때는 운(un)이라고 발음한다. ( 뜻: 어떤 책이 / 발음: 키타-분) |
| 목적격 | كِتَابًا | 목적격일때는 안(an)이라고 발음한다(뜻: 어떤 책을 / 발음: 키타-반) |
| 소유격 | كِتَابٍ | 소유격일때는 인(in)이라고 발음한다(뜻: 어떤 책의 / 발음: 키타-빈) |

## ② 타 마르부타

여성형을 나타낸다, 단어 끝에 붙는 것이 특징, 트(t) 로 발음

| 여학생 | 남학생 |
|---|---|
| طَالِبَةٌ | طَالِبٌ |

| 여교수 | 남교수 |
|---|---|
| أُسْتَاذَةٌ | أُسْتَاذٌ |

44

## ❸ 샷따

| 사용 예 | |
|---|---|
| رَّ | رْرَ |
| رِّ | رْرِ |
| رُّ | رْرُ |

단어가 중복으로 쓰일 경우 샷따를 붙인다. 처음은 수쿤으로 쓰이고 뒷단어는 샷따부호와 함께 있는 발음부호에 맞추어 발음된다. 단, 중복 단어가 수쿤이 아니라면 샷따를 붙이지 않는다.

예외  قِصَصٌ  이야기

| مُوَظَّفٌ | مُدَرِّسٌ |
|---|---|
| 무와좟푼 | 무다르리쑨 |
| 직원 | 교사 |

**4** 맛따

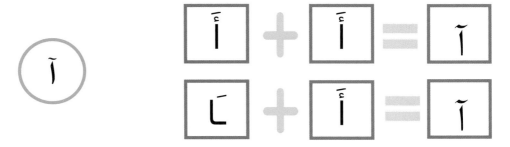

$$أ + أ = آ$$

$$ـَ + أ = آ$$

알리프 함자가 장모음을 만나거나, 중복될 때 쓰임

**5** 수쿤

| 사용 예 | | |
|---|---|---|
| 예 | 발음 | 뜻 |
| أَنْتَ | 안타 | 당신(남) |
| كَمْ | 캄 | 얼마 |
| سِعْرٌ | 씨으룬 | 가격 |

자음에 모음이 없는 경우 수쿤을 붙인다.
대개 받침으로 쓰이지만 상황에 따라 [으]로 발음된다.

 정관사

| THE | = | ال | 단어 앞부분에 붙여 쓰는 것이 특징 |

**주격** الْكِتَابُ

정관사(알)가 붙으면 한정이라고 말하며, 주격일때는 우(u)라고 발음한다. ( 뜻 : 그 책이/발음 : 알 키타―부)

**목적격** الْكِتَابَ

목적격일때는 아(a)라고 발음한다. (뜻 : 그 책을 / 발음 : 알 키타-바)

**소유격** الْكِتَابِ

소유격일때는 이(i)라고 발음한다. (뜻 : 그 책의 / 발음 : 알 키타-비)

 대거 알리프

| 대거 알리프 | → الله | 아~ 장모음 |

뜻 : 알라(신)

## ⑧ 태양문자 & 월문자

정관사 **ال** 과 태양문자가 만나면, 음운 동화가 일어난다.

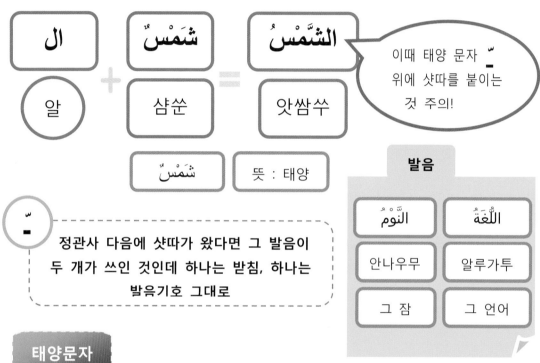

| ال | شَمْسٌ | الشَّمْسُ |
|:--:|:--:|:--:|

이때 태양 문자 위에 샷따를 붙이는 것 주의!

| 알 | 샴쑨 | 앗쌈쑤 |

| شَمْسٌ | 뜻 : 태양 |

정관사 다음에 샷따가 왔다면 그 발음이 두 개가 쓰인 것인데 하나는 받침, 하나는 발음기호 그대로

**발음**

| النَّوْمُ | اللُّغَةُ |
|:--:|:--:|
| 안나우무 | 알루가투 |
| 그 잠 | 그 언어 |

### 태양문자

# ت، ث، د، ذ، ر، ز، س، ش، ص، ض، ط، ظ، ل، ن

▶▶▶ **외우는 방법**

1. ㄷ, ㅅ, ㅈ 로 발음되는 것은 태양문자
2. 따로 외우기 ل، ن، ر، ز
3. 정관사 뒤에 샷따가 온다면 태양문자일 확률 100%
4. 태양문자가 아닌것은 모두 월문자

أ، ب، ج، ح، خ، ع، غ، ف، ق، ك، م، ه، و، ي

월 문자란 태양문자 아닌 것, 태양문자를 외우면 나머지는 월문자

## ❾ 알리프마크수라

알리프마크수라 ⟶ عَلَى

어말에 붙는 아~ 장모음
(아랍어 단어는 위치에 따라 어두,
어중, 어미로 구분, 어미=어말)

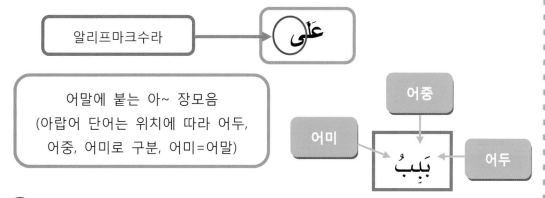

어중

어미 ⟶ بَبِبُ ⟵ 어두

## ❿ 전치사 연구 🔊 38

| 전치사 | 뜻(영어로) |
|---|---|
| عَلَى | on |
| إِلَى | to |
| فِي | in |
| مَعَ | with |
| بِ | by, with, through |
| لِ | for |
| مِنْ | from |

아랍어 기초문법

**11** 아랍어 지시대명사 🔊 39

| 지시대명사 | 뜻 |
|---|---|
| هَذَا | 이것(남) |
| هَذِهِ | 이것(여) |
| ذَلِكَ | 저것(남성형) |
| تِلْكَ | 저것(여성형) |

## 연습하기

## 예문

1 이것은 책입니다.

هَذَا كِتَابٌ.

하다 키타분

2 이것은 연필입니다.

هَذَا قَلَمٌ.

하다 깔라문

3 이것은 종이입니다.

هَذِهِ وَرَقَةٌ.

하다히 와라까툰

4 저것은 노트입니다.

ذَلِكَ دَفْتَرٌ.

달리카 다프타룬

## 12 아랍어 인칭대명사 🔊 40

| 인칭 대명사 | 뜻 |
|---|---|
| أَنَا | 나 |
| أَنْتَ | 너 |
| أَنْتِ | 너 |
| هُوَ | 그 |
| هِيَ | 그녀 |
| نَحْنُ | 우리 |

## 연습하기

## 예문

1 나는 살림입니다.

أَنَا سَالِمٌ.

아나 살림

2 당신(여)는 마리얌입니다.

أَنْتِ مَرْيَمٌ.

안티 마리얌

3 그는 하산입니다.

هُوَ حَسَنٌ.

후아 하산

4 그녀는 자밀라 입니다.

هِيَ جَمِيلَةٌ.

히야 자밀라

**13** 아랍어 의문사 🔊 41

| 아랍어 의문사 | 뜻 |
|---|---|
| مَتَى | 언제 |
| أَيْنَ | 어디서 |
| لِمَاذَا | 왜 |
| مَنْ | 누가 |
| مَا | 무엇(명사) |
| مَاذَا | 무엇(동사) |
| كَيْفَ | 어떻게 |

**연습하기**

**예문**

1 이것이 무엇입니까?
مَا هَذَا؟ 마 하다
مَا هَذِهِ؟ 마 하디히

2 저것은 무엇입니까?
مَا ذَلِكَ ؟ 마 달리카
مَا تِلْكَ ؟ 마 틸카

**01.** 다음 자음들을 연결하여 낱말을 만드시오.

(1) سَ+ل+ا+مٌ=

(2) فَ+ي+ك=

(3) حَ+مْ+دٌ=

(4) اَ+ي+ر+وكُ=

(5) مَ+فْ+ت+حُ=

(6) قَ+م+ي+صٌ=

(7) بَ+ي+تٌ=

(8) شَ+ر+كَ+تٌ=

(9) تِ+لْ+كَ=

(10) فَ+صْ+لٌ=

(11) جَ+م+ي+لٌ=

(12) شَ+ت+ا+ءٌ=

(13) مَ+كْ+تَ+بٌ=

(14) وَ+رَ+قٌ+ة=

(15) بُ+رْ+تُ+قَ+الٌ+لُ=

**02.** 다음 문장을 아랍어로 바꾸시오.

**(1)** 어떤 남학생　➡

**(2)** 그 남학생　➡

**(3)** 어떤 남교사　➡

**(4)** 그 남교사　➡

**(5)** 어떤 언어　➡

**(6)** 그 언어　➡

**03.** 다음 아랍어 단어에서 정관사 뒤의 글자가 <태양문자> 또는 <월문자>
　　인지 구분하시오.

١- السعر　　٢- الأمير　　٣- الحمد　　٤- الجميل　　٥ – الفيل

٦ – الطالب　　٧ – التلميذ　　٨ – السلام　　٩ – الخير　　١٠ – النهر

01.

(8) شَ+رِ+كَ+تٌ = شَرِكَة     (1) سَ+لَ+ا+مٌ = سَلامٌ

(9) تِ+لْ+كَ = تِلْكَ     (2) كَ+ي+فَ = كَيْفَ

(10) فَ+صْ+لٌ = فَصْلٌ     (3) حَ+مْ+دٌ = حَمْدٌ

(11) جَ+مِ+ي+لٌ = جَميلٌ     (4) كُ+و+رِ+يَ+ا = كُوريا

(12) شِ+تَ+ا+ءٌ = شِتَاءٌ     (5) مَ+تْ+حَ+فٌ = مَتْحَفٌ

(13) مَ+كْ+تَ+بٌ = مَكْتَبٌ     (6) قَ+مِ+ي+صٌ = قَميصٌ

(14) وَ+رَ+قَ+ةٌ = وَرَقَة     (7) بَ+ي+تٌ = بَيْتٌ

(15) بُ+رْ+تُ+قَ+ا+لٌ = بُرْتُقَالٌ

02.

(١) طَالِبٌ (٢) الطَّالِبُ (٣) مُدَرِّسٌ (٤) المُدَرَّسُ (٥) لُغَةٌ (٦) اللُّغَةُ

03.

1. 태양문자    2. 월문자     3. 월문자     4. 월문자     5. 월문자

6. 태양문자     7. 태양문자    8.태양문자    9. 월문자     10. 태양문자

🔊 42

### 아침인사

صَبَاحَ الخَيْرِ.

싸바-하 알카이리

좋은 아침입니다.

대답은

صَبَاحَ النُّورِ.

싸바-하 안누-리

### 저녁인사

مَسَاءَ الخَيْرِ.

마싸-아 알카이리

좋은 저녁입니다.

대답은

مَسَاءَ النُّورِ.

마싸-아 안누-리

### 처음 만났을 때

السَّلاَمُ عَلَيْكُمْ.

앗 쌀라무 알레이쿰

안녕하세요. (대표 인사말)

대답은

وَعَلَيْكُمُ السَّلاَمُ.

알레이쿰무 앗싸람무

### 헤어질 때

مَعَ السَّلاَمَةِ

마아 쌀라마

안녕히 가세요.

대답은

مَعَ السَّلاَمَةِ

마아 쌀라마

국적을 물어볼 때

مِنْ أَيْنَ أَنْتَ؟

민 아이나 안타?

당신(남)은 어디서 오셨습니까?
당신(남)의 국적이 무엇입니까?

대답은

أَنَا مِنْ كُورِيَا.

아나 민 꾸리야

저는 한국에서 왔습니다.

| | |
|---|---|
| 나는 레바논에서 왔습니다. | أنا مِن لبنان. |
| 나는 수단에서 왔습니다. | أنا مِن السودان. |
| 나는 쿠웨이트에서 왔습니다. | أنا مِن الكويت. |
| 나는 이집트에서 왔습니다. | أنا مِن مصر. |
| 나는 이라크에서 왔습니다. | أنا مِن العراق. |
| 나는 사우디에서 왔습니다. | أنا مِن السعودية. |
| 나는 한국(남한)에서 왔습니다. | أنا مِن كوريا الجنوبية. |
| 나는 북한에서 왔습니다. | أنا مِن كوريا الشمالية. |
| 나는 일본에서 왔습니다. | أنا مِن اليابان. |
| 나는 중국에서 왔습니다. | أنا مِن الصين. |
| 나는 미국에서 왔습니다. | أنا مِن أمريكا. |
| 나는 영국에서 왔습니다. | أنا مِن إنجليزيّة. |
| 나는 독일에서 왔습니다. | أنا مِن المانيّة. |
| 나는 프랑스에서 왔습니다. | أنا مِن فرنسا. |

1) 당신은 누구십니까?(남)

مَنْ أَنْتَ ؟

2) 저는 아흐마드 입니다.

أَنَا أَحْمَدٌ؟

3) 그 남학생은 누구입니까?

مَنْ هُوَ الطَّالِبُ؟

4) 그는 살림입니다.

هو سَالِمٌ.

5) 그 여학생은 어디에 있습니까?

أَيْنَ الطَّالِبَةُ؟

6) 그 여학생은 서울 도서관에 있습니다.

الطَّالِبَةُ فِي المَكْتَبَةِ "سيول".

# 6

## 아랍어 단어 학습하기(1)

◁))) 44

| 책 | كِتَابٌ |
| 가방 | حَقِيبَةٌ |
| 의자 | كُرْسِيٌّ |

| 연필 | قَلَمٌ |
| 책상 | مَكْتَبٌ |
| 종이 | وَرَقَةٌ |

# 아랍어 단어 2 – 장소

🔊 45

| 은행 | بَنْكٌ |
| 회사 | شَرِكَةٌ |
| 시장 | سُوقٌ |

| 식당 | مَطْعَمٌ |
| 대학교 | جَامِعَةٌ |
| 도서관 | مَكْتَبَةٌ |

🔊 46

| 오늘 | اليَوْمُ | _____ |
| 어제 | أَمْسِ | _____ |
| 내일 | غَدًا | _____ |

**2018**

| 시각 | سَاعَةٌ |
| 월, 달 | شَهْرٌ |
| 년 | سَنَةٌ |

# 아랍어 단어 4 – 여행

🔊 47

| 산 | جَبَلٌ | |
|---|---|---|
| 강 | نَهْرٌ | |
| 바다 | بَحْرٌ | |

| | 기차 | قِطَارٌ |
|---|---|---|
| | 비행기 | طَائِرَةٌ |
| | 자동차 | سَيَّارَةٌ |

63

# 아랍어 단어 5 – 동물

🔊 48

낙타 | جَمَلٌ

코끼리 | فِيلٌ

소 | بَقَرٌ

사자 | أَسَدٌ

닭 | دَجَاجَةٌ

양 | خَرُوفٌ

**01**

🔊 49

مَا هَذَا؟　이것은 무엇입니까?

هَذَا كِتَابٌ.　이것은 책입니다.

| 하끼-바툰 | 마크타분 | 와라카툰 | 다프타룬 |
|---|---|---|---|
| ٤ – حَقِيبَةٌ | ٣ – مَكْتَبٌ | ٢ – وَرَقَةٌ | ١ – دَفْتَرٌ |
| 가방 | 책상 | 종이 | 노트 |

**02**

🔊 50

مَا ذَلِكَ؟　저것은 무엇입니까?

ذَلِكَ بَقَرٌ.　저것은 소입니다.

| 필-룬 | 다자-자툰 | 아싸둔 | 카루-푼 |
|---|---|---|---|
| ٤ – فِيلٌ | ٣ – دَجَاجَةٌ | ٢ – أَسَدٌ | ١ – خَرُوفٌ |
| 코끼리 | 닭 | 사자 | 양 |

**장소를 물어볼 때**

00 시장이 어디에 있습니까?

أَيْنَ السُّوقُ ٠٠ ؟

아이나 앗쑤-꾸 00?

00 대학이 어디에 있습니까?

أَيْنَ الجَامِعَةُ ٠٠ ؟

아이나 알자-미아투 00?

00 은행이 어디에 있습니까?

أَيْنَ البَنْكُ ٠٠ ؟

아이나 알반쿠 00?

00 식당이 어디에 있습니까?

أَيْنَ المَطْعَمُ ٠٠ ؟

아이나 알마뜨암 00?

**답변**

여기에 있습니다.

هَذَا هُنَا.

하다 후나.

저기에 있습니다.

هَذَا هُنَاكَ.

하다 후나카.

1) 그 책상 위에는 뭐가 있나요?

مَاذا على المَكتَبِ؟

2) 그 책상 위에는 어떤 노트가 있습니다.

على المَكتَبِ دَفْتَرٌ.

3) 그 의자 위에는 뭐가 있나요?

مَاذا على الكُرْسِيِّ؟

4) 그 의자 위에는 어떤 가방이 있습니다.

على الكُرْسِيِّ حَقِيبَة.

5) 그 농장에는 무엇이 있나요?

مَاذا في الزِّرَاعَةِ؟

6) 그 농장에는 어떤 소, 어떤 닭, 어떤 양 한 마리가 있습니다.

في الزِّرَاعَةِ بقرٌ ودَجَاجَة وخَروفٌ.

> **cf) 구문 비교** – 비 한정 주어 일 때는 부사가 먼저 앞에 오고
> 한정 주어 일 때는 주어가 먼저 앞에 온다.

1) 그 책상 위에는 어떤 노트가 있습니다.

على المَكتَبِ دَفْتَرٌ.

2) 그 책상 위에는 그 노트가 있습니다.

الدَّفْتَرُ على المَكتَبِ.

# 7

## 아랍어 단어 학습하기(2)

🔊 52

| 음식 | الطَّعَامُ | 발음 |
|------|-----------|------|
| 생선 | سَمَكٌ | 싸마쿤 |
| 고기 | لَحْمٌ | 라흐문 |
| 샐러드 | سَلَطَةٌ | 쌀라따툰 |
| 밥 | أُرزٌّ | 우르준 |
| 물 | مَاءٌ | 마-운 |
| 커피 | قَهْوَةٌ | 카후와툰 |
| 차 | شَايٌ | 샤-이 |

## 연습하기

## 예문

1) 이것은 샐러드입니다.　　　　　　　هَذِهِ سَلَطَةٌ.

2) 이것은 생선입니다.　　　　　　　هَذَا سَمَكٌ.

🔊 53

| 과일 | فَاكِهَةٌ | 발음 |
|------|-----------|------|
| 딸기 | فَرَاوُلَةٌ | 파라-울라툰 |
| 포도 | عِنَبٌ | 이나분 |
| 사과 | تُفَّاحٌ | 툿파-훈 |
| 오렌지 | بُرْتُقَالٌ | 부르투깔-룬 |
| 토마토 | طَمَاطِمٌ | 따마- 뛰문 |
| 바나나 | مَوْزٌ | 마우준 |
| 레몬 | لَيْمُونٌ | 레이무눈 |

## 연습하기

## 예문

1) 저것은 포도입니다.　　　　　　　　　　　　　ذَلِكَ عِنَبٌ.

2) 저것은 레몬입니다.　　　　　　　　　　　　　ذَلِكَ لَيْمُونٌ.

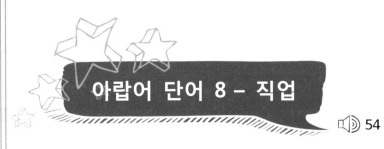
| 직업 | مِهْنَة | 발음 |
|---|---|---|
| 대학생(남) | طَالِبٌ | 딸-리분 |
| 대학생(여) | طَالِبَةٌ | 딸-리바툰 |
| 학생(남) | تِلْمِيذٌ | 틸미-둔 |
| 학생(여) | تِلْمِيذَةٌ | 틸미-다툰 |
| 선생님(남) | مُدَرِّسٌ | 무다르리쑨 |
| 선생님(여) | مُدَرِّسَةٌ | 무다르리싸툰 |

## 연습하기

## 예문

1) 당신(남)은 대학생 입니다.

أَنْتَ طَالِبٌ.

2) 그녀는 선생님 입니다.

هِيَ مُدَرِّسَةٌ.

🔊 55

| 직업 | مِهْنَة | 발음 |
|------|---------|------|
| 교수(남) | أُسْتَاذٌ | 우쓰타-둔 |
| 엔지니어 | مُهَنْدِسٌ | 무한디쑨 |
| 경찰관 | شُرْطِيٌّ | 슈르뛰-윤 |
| 의사 | طَبِيبٌ | 따비-분 |
| 회사직원 | مُوَظَّفٌ | 무왓좌푼 |

## 연습하기

## 예문

1) 그는 의사 입니다.      هُوَ طَبِيبٌ.

2) 나는 엔지니어 입니다.      أَنَا مُهَنْدِسٌ.

3) 당신(여)은 회사직원 입니다.      أَنْتِ مُوَظَّفَةٌ.

**01.** 다음 문장을 아랍어로 바꾸시오.

**(1)** 이것은 사과입니다.   ➜

**(2)** 저것은 커피입니다.   ➜

**(3)** 이것은 딸기입니다.   ➜


**02.** 다음 한국어 문장을 아랍어로 작문하시오.

1) 이분은 대학생입니다. (남)          2) 이분은 대학생입니다. (여)

3) 그녀는 교수입니다.                 4) 그는 경찰입니다.

5) 그녀는 00회사 여직원입니다.          6) 그는 00학교의 선생님입니다.

7) 저분은 엔지니어입니다. (남)          8) 그는 의사입니다.

| 답안 |

| 01 | 1- هَذَا تُفَّاحٌ. | 2- تِلْكَ قَهْوَةٌ. | 3- هَذِهِ فَرَاوُلَةٌ. |

| 02 | 1- هَذَا طَالِبٌ. | 2- هَذِهِ طَالِبَةٌ. | 3- هِيَ أُسْتَاذَةٌ. |

4- هُوَ شُرْطِيٌّ.          5- هِيَ مُوَظَّفَةٌ فِي الشَّرِكَةِ 00.

6- هُوَ مُدَرِّسٌ فِي المَدْرَسَةِ 00.   7- ذَلِكَ مُهَنْدِسٌ.   8- هُوَ طَبِيبٌ.

🔊 56

Q

그 오렌지 맛있습니까?

هَلْ عَصِيرُ البُرْتُقَالِ لَذِيذٌ ؟

할 아시-루 알부르투깔리- 라디-둔?

마리아가 학생입니까?

هَلْ مَرْيَمُ تِلْمِيذَةٌ ؟

할 마르얌 틸미-다툰?

A

네, 오렌지 맛있습니다.

نَعَمْ. عَصِيرُ البُرْتُقَالِ لَذِيذٌ.

나암. 아시-루 알부르투깔-리 라디-둔.

네, 그녀는 학생입니다.

نَعَمْ. هِيَ تِلْمِيذَةٌ.

나암, 히야 틸미-다툰.

☆ هَلْ 상태 의문사 ~입니까?

# 8 아랍어 단어 학습하기(3)

🔊 57

| 머리 | رَأْسٌ |
| 눈 | عَيْنٌ |
| 코 | أَنْفٌ |

| 입 | فَمٌّ |
| 손 | يَدٌ |
| 발 | قَدَمٌّ |

# 아랍어 단어 2 - 집

🔊 58

| 집 | مَنْزِلٌ |
|---|---|

| 부엌 | مَطْبَخٌ |
|---|---|

| 욕실 | حَمَّامٌ |
|---|---|

| 식당 | مَطْعَمٌ |
|---|---|

| 문 | بَابٌ |
|---|---|

| 창문 | شُبَّاكٌ |
|---|---|

| 신발 | حِذَاءٌ |
| --- | --- |

| 옷 | مَلابِسٌ |

| 셔츠 | قَمِيصٌ |

| 바지 | بَنْطَلُونٌ |
| --- | --- |

| 모자 | قُبَّعَةٌ |

| 장갑 | قُفَّازٌ |

🔊 60

| 동쪽 | شَرْقٌ |
| 서쪽 | غَرْبٌ |
| 남쪽 | جَنُوبٌ |

| 북쪽 | شُمَالٌ |
| 오른쪽 | يَمِينٌ |
| 왼쪽 | يَسَارٌ |

81

🔊 61

| 검은색 | أَسْوَدُ | |
| 흰색 | أَبْيَضُ | |
| 붉은색 | أَحْمَرُ | |

| | 초록색 | أَخْضَرُ |
| | 파란색 | أَزْرَقُ |
| | 노란색 | أَصْفَرُ |

**01.** 다음 아랍어 단어가 한국어와 그 뜻이 같은 것을 고르시오.

1) القَمِيصُ الأَبْيَضُ     -     - 빨간 지갑

2) الحِذَاءُ الأَسْوَدُ     -     - 파란 모자

3) المِحْفَظَةُ الأَحْمَرُ     -     - 흰색 셔츠

4) القُبَّعَةُ الأَزْرَقُ     -     - 검은 구두

**02.** 다음 한국어 문장을 아랍어로 번역하시오.

1) 욕실은 그 문의 왼쪽에 있다.

2) 식당은 그 건물의 오른쪽에 있다.

3) 회사는 00 대학교 옆에 있다.

---

답안

01    1) 흰색 셔츠   2) 검은 구두   3) 빨간 지갑   4) 파란 모자

02

١) الحَمَّامُ عَلى يَسَار البَابِ.

٢) المَطْعَمُ عَلى يَمِين البِنَاءِ.

٣) الشَّرِكَةُ بِجَانِبِ الجَامِعَةِ.

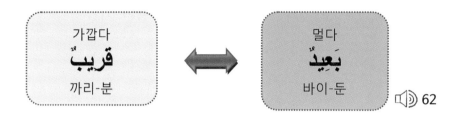

가깝다
**قَرِيبٌ**
까리-분

멀다
**بَعِيدٌ**
바이-둔

🔊 62

A 가 B에서 가깝다.

**A قَرِيبٌ مِنْ B**

A 가 B에서 멀다.

**A بَعِيدٌ عَنْ B**

🔊 64

🔊 63

그 학교는 여기서 가깝다.

**الـمَدْرَسَةُ قَرِيبَةٌ مِنْ هُنَا.**

그 대학교는 여기서 멀다.

**الـجَامِعَةُ بَعِيدَةٌ عَنْ هُنَا.**

그 사무실은 여기서 가깝다.

**الـمَكْتَبُ قَرِيبٌ مِنْ هُنَا.**

그 박물관은 여기서 멀다.

**الـمَتْحَفُ بَعِيدٌ عَنْ هُنَا.**

| | |
|---|---|
| 학교 | الـمَدْرَسَةُ |
| 대학교 | الـجَامِعَةُ |
| 회사 | الشَّرِكَةُ |
| 박물관 | الـمَتْحَفُ |
| 도서관 | الـمَكْتَبَةُ |
| 사무실 | الـمَكْتَبُ |
| 은행 | الـبَنْكُ |

# 9

**아랍어 문장론 – 명사문편**

아랍어
문장론

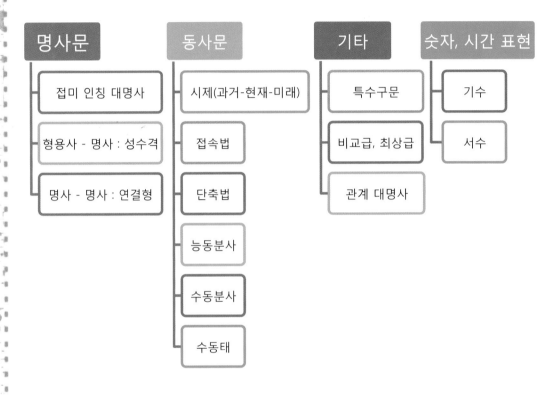

| 명사문 | 동사문 | 기타 | 숫자, 시간 표현 |
|--------|--------|------|----------------|
| 접미 인칭 대명사 | 시제(과거-현재-미래) | 특수구문 | 기수 |
| 형용사 - 명사 : 성수격 | 접속법 | 비교급, 최상급 | 서수 |
| 명사 - 명사 : 연결형 | 단축법 | 관계 대명사 | |
| | 능동분사 | | |
| | 수동분사 | | |
| | 수동태 | | |

명사문 : 명사로만 이루어진 문장
(명사만 있는데도, ~이 있습니다 등 뜻이 가능)

동사문 : 동사가 있는 문장
(문장 어순 : 동사 + 주어 + 목적어 + 부사)

접미 인칭 대명사

접 : 붙일 접  /  미 : 꼬리 미

즉, 접미 인칭 대명사는 명사의 끝자리에 붙으면 소유의 뜻. 동사에 붙으면 목적어

🔊 65

| 뜻 | 아랍어표기 | |
|---|---|---|
| 나의 | يِ | 이 |
| 너의(남자) | كَ | 카 |
| 너의(여자) | كِ | 키 |
| 그의 | هُ | 후 |
| 그녀의 | هَا | 하 |

**ex**

| 연필 | قَلَمٌ | 깔라문 |
|---|---|---|
| 나의 연필 | قَلَمِي | 깔라미 |
| 너(남)의 연필 | قَلَمُكَ | 깔라무카 |
| 너(여)의 연필 | قَلَمُكِ | 깔라무키 |
| 그의 연필 | قَلَمُهُ | 깔라무후 |
| 그녀의 연필 | قَلَمُهَا | 깔라무하 |

## 명사문

접미 인칭 대명사

접미 인칭사가 붙은 명사는 정관사가 없어도 한정이다. 이때 정관사는 절대 붙여서는 안 된다.

여성 명사일 경우 ة ← ت

**ex**

| | | |
|---|---|---|
| 자동차 | سَيَّارَةٌ | 싸야라툰 |
| 나의 자동차 | سَيَّارَتِي | 싸야라티 |
| 너(남)의 자동차 | سَيَّارَتُكَ | 싸야라투카 |
| 너(여)의 자동차 | سَيَّارَتُكِ | 싸야라투키 |
| 그의 자동차 | سَيَّارَتُهُ | 싸야라투후 |
| 그녀의 자동차 | سَيَّارَتُها | 싸야라투하 |

🔊 66

**ex**

1. 저것은 당신(남)의 책상입니까?

1- هَلْ ذَلِكَ مَكْتَبُكَ؟

2. 이것은 당신(여)의 가방입니까?

2- هَلْ تِلْكَ حَقِيبَتُكِ؟

3. 이것은 그의 연필입니까?

3- هَلْ هَذَا قَلَمُهُ؟

عند가 접미 인칭 대명사와 연결되며, 일반적으로 '가지다'의 의미가 된다.

| | | |
|---|---|---|
| عِنْدِي | I have | 🔊 67 |
| عِنْدَكَ | You have (m) | |
| عِنْدِكِ | You have (f) | |
| عِنْدَهُ | He has | |
| عِنْدَهَا | She has | |

**ex** 당신(남)은 레몬주스를 가지고 있습니까?

هَلْ عِنْدَكَ عَصِيرُ اللَّيْمُونِ؟

예, 나는 레몬주스를 가지고 있습니다.

نَعَمْ. عِنْدِي عَصِيرُ اللَّيْمُونِ.

당신(여)는 책을 가지고 있습니까?

هَلْ عِنْدَكِ كِتَابٌ؟

예, 나는 책을 가지고 있습니다.

نَعَمْ. عِنْدِي كِتَابٌ.

그는 지금 그 책을 가지고 있습니까?

هَلْ عِنْدَهُ الْكِتَابُ الْآنْ؟

아니요, 그는 현재 그 책을 가지고 있지 않습니다.

لاَ. لَيْسَ عِنْدَهُ الْكِتَابُ الْآنْ.

아랍어
문장론

**명사문**

형용사 - 명사 : 성수격

[이것은 긴 연필이다] 라고 형용사를 쓰려면 아랍어 구문을 어떻게 써야 하나?
지시 대명사 + 명사 + 형용사 순으로 쓰면 됩니다. 대신 명사와 형용사는 **성수격**을 일치 시키는 것이 관건이다.

| 성 | • 남성 or 여성 |
|---|---|
| 수 | • 단수 or 쌍수 or 복수 |
| 격 | • 주격 or 목적격 or 소유격 |

＋ 한정 or 비 한정

**ex**

| 1. 이것은 긴 연필이다. | 2. 이것은 그 새로운 자동차이다. |
|---|---|

1- هَذَا قَلَمٌ طَوِيلٌ.
     B    A

A : 남성, 단수, 주격, 비 한정
B : 남성, 단수, 주격, 비 한정

2- هَذِهِ السَّيَّارَةُ الجَدِيدَةُ.
     B    A

A : 여성, 단수, 주격, 한정
B : 여성, 단수, 주격, 한정

**cf**

3- هَذَا القَلَمُ طَوِيلٌ.
     B    A

3. 이 연필은 길다.

형용사와 명사가 성수격이 다르다면 B 는 서술어가 된다.

| 1. 이것은 큰 책상이다. | 2. 저것은 작은 가방이다. |

1- هَذَا مَكْتَبٌ كَبِيرٌ.

2- تِلْكَ حَقِيبَةٌ صَغِيرَةٌ.

| 3. 저것은 긴 강이다. | 4. 이것은 짧은 연필이다. |

3- ذَلِكَ نَهْرٌ طَوِيلٌ.

4- هَذَا قَلَمٌ قَصِيرٌ.

| 5. 이것은 새로운 책이다. | 6. 저것은 오래된 건물이다. |

5- هَذَا كِتَابٌ جَدِيدٌ.

6- ذَلِكَ بِنَاءٌ قَدِيمٌ.

**형용사**

🔊 69

|  | 남성형 | 여성형 |
|---|---|---|
| 새로운 | جَدِيدٌ | جَدِيدَةٌ |
| 오래된 | قَدِيمٌ | قَدِيمَةٌ |
| (크기가)큰 | كَبِيرٌ | كَبِيرَةٌ |
| (크기가)작은 | صَغِيرٌ | صَغِيرَةٌ |
| 많은 | كَثِيرٌ | كَثِيرَةٌ |
| 적은 | قَلِيلٌ | قَلِيلَةٌ |
| 아름다운 | جَمِيلٌ | جَمِيلَةٌ |
| (길이가)긴 | طَوِيلٌ | طَوِيلَةٌ |
| (길이가)짧은 | قَصِيرٌ | قَصِيرَةٌ |

아랍어
문장론

**명사부정**

لَيْسَ + 목적격 서술어

لَيْسَ ~이 아니다.
명사, 또는 형용사를 부정할 때 쓰이는 말로
인칭에 따라 모양이 조금씩 변한다. 즉
자체에 주어가 있을 수 있고, 반드시 لَيْسَ
뒤에 서술어는 목적격이 와야 된다.

ex

1. 나는 학생이 아니다.

لَسْتُ طَالِبًا.

라스투 따-리반.

2. 라일라는 학생이 아니다.

لَيْسَتْ لَيْلَى طَالِبَةً.

라이싸트 라일라 따-리바탄.

3. 그는 교수가 아니다.

لَيْسَ أُسْتَاذًا.

라이싸 우스타단.

4. 마르얌은 예쁜 학생이 아니다.

لَيْسَتْ مَرْيَمُ طَالِبَةً جَمِيلَةً.

라이싸트 마르얌 따-리바탄 자밀-라탄.

| 인칭 | لَيْسَ | 의 형태 |
|---|---|---|
| 1 인칭 | لَسْتُ | 라스투 |
| 2 인칭 남성 | لَسْتَ | 라스타 |
| 2 인칭 여성 | لَسْتِ | 라스티 |
| 3 인칭 남성 | لَيْسَ | 라이싸 |
| 3 인칭 여성 | لَيْسَتْ | 라이싸트 |

## 형용사부정

명사, 형용사를 부정할 때 쓰인다.
غَيْرُ 뒤에 서술어에는 반드시 소유격이 와야 한다.
인칭, 단수, 복수 상관없이 쓰인다.

غَيْرُ + 소유격 서술어

| | |
|---|---|
| 아름다운 | جَمِيلٌ |
| 오래된 | قَدِيمٌ |
| 건물 | بَنَاءٌ |
| 현대식의 | حَدِيثٌ |

1. 그녀는 아름답지 않다.

هِيَ غَيْرُ جَمِيلَةٍ.

히야 가이루 자미-일라틴..

2. 이 가방은 오래된 것이 아니다.

هَذِهِ الحَقِيبَةُ غَيْرُ قَدِيمَةٍ.

하디히 알하끼-바투 가이루 까디-마틴.

3. 이 건물은 현대적이지 않다.

هَذَا البِنَاءُ غَيْرُ حَدِيثٍ.

하디히 알하끼-바투 가이루 까디-마틴.

아랍어
문장론

## 명사문

명사 - 명사 : 연결형

[오렌지 쥬스] 같은 명사와 명사로 이어진 단어를 **연결형**이라고 한다.
어떻게 써야 할까?
첫번째 명사는 정관사가 없어도 한정,
두번째 명사는 정관사 붙이고 소유격 쓰면 된다.

**ex**

1. 오렌지 쥬스

2. 전화 번호

2-رَقْمُ الهَاتِفِ.    1-عَصِيرُ البُرْتُقَالِ.
　　B　　A　　　　　　B　　A

A : 1요소 – 격변화, 정관사 없음
B : 2요소 – 소유격, 정관사

🔊 70

**cf**

| | | | |
|---|---|---|---|
| 격변화 | 주격 | 포도 주스가 | عَصِيرُ العِنَبِ |
| | 목적격 | 포도 주스를 | عَصِيرَ العِنَبِ |
| | 소유격 | 포도 주스의 | عَصِيرِ العِنَبِ |

**ex**

1. 포도주스가 맛있다.

2. 나는 포도주스를 원한다.

2-أُرِيدُ عَصِيرَ العِنَبِ.    1-عَصِيرُ العِنَبِ لَذِيذٌ.

◁)) 71

| 동물원 | حَدِيقَةُ الحَيَوانِ |
|---|---|
| 신발 가격 | ثَمَنُ الحِذَاءِ |
| 우체국 | مَكْتَبُ البَرِيدِ |
| 종이 박스 | صُنْدُوقُ الوَرَقَةِ |
| 우표 | طَابِعُ البَرِيدِ |
| 교통 경찰 | شُرْطِيُّ المُرُورِ |
| 여가, 틈 | وَقْتُ الفُرَاغِ |
| 과일 쥬스 | عَصِيرُ الفَاكِهَةِ |

◁)) 72

| 우편 | بَرِيدٌ | 책상 | مَكْتَبٌ |
|---|---|---|---|
| 동물 | حَيَوانٌ | 공원 | حَدِيقَةٌ |
| 어디 | أَيْنَ | 교통 | مُرُورٌ |
| 경찰 | شُرْطِيٌّ | 여기 | هُنَا |
| ~에서 | مِنْ | 가까운 | قَرِيبٌ |
| 구두 | حِذَاءٌ | 가격 | ثَمَنٌ |
| 종이 | وَرَقَة | 상자 | صُنْدُوقٌ |
| 우표 | طَابِعٌ | 빈, 비어있는 | فُرَاغٌ |
| 순간 | وَقْتٌ | 과일 | فَاكِهَةٌ |

**ex**

1. 동물원이 어디에 있습니까?  ◁)) 73

1-أَيْنَ حَدِيقَةُ الحَيَوانِ؟

2. 우체국은 여기서 가깝습니다.

2-مَكْتَبُ البَرِيدِ قَريبٌ مِنْ هُنَا.

**01.** 다음 문장을 아랍어로 바꾸시오.

**(1)** 우체국이 어디에 있습니까?      ➡

**(2)** 이것은 당신(여)의 신발입니까?      ➡

**(3)** 당신(남)의 핸드폰번호는 무엇입니까?   ➡

**(4)** 오렌지 주스는 맛있습니까?      ➡

**(5)** 나의 집은 그 우체국에서 가깝습니다. ➡

**(6)** 그 새로운 책의 가격이 어떻게 됩니까? ➡

**02.** 다음 보기를 참고하여 아랍어문장을 부정형으로 바꾸시오.

보기

هُوَ طَالِبٌ.     ⬅     لَيْسَ طَالِبًا.

(1)- هِيَ مُدَرِّسَةٌ.  ⬅
_____

(2)- أَنَا مُوَظَّفٌ فِي الشَّرِكَةِ 00. ⬅
_____

(3)- مُحَمَّدٌ طَيِّبٌ. ⬅
_____

(4)- ذَلِكَ بِنَاءٌ حَدِيثٌ. ⬅
_____

답안 1

01

٢- هَلْ هَذَا حِذَاءُكَ؟ ١- أَيْنَ مَكْتَبُ البَرِيدِ؟

٤- هلْ عَصيرُ البُرْثُقَال لَذِيذٌ؟ ٣- مَا رَقْمُ تِلِيفُونِكَ؟

٦- مَا ثَمَنُ الكِتَابِ الجَدِيدِ؟ ٥- بَيْتِي قَرِيبٌ مِنْ مَكْتَبِ البَرِيدِ.

답안 2

02

٢ - لَسْتُ مُوظَّفًا فِي الشَّرِكَةِ ... ١- لَيْسَتْ مُدَرِّسَةً.

٤ - ذَلِكَ لَيْسَ بِنَاءًا حَدِيثًا. ٣ - لَيْسَ مُحَمَّدٌ طَبِيبًا.

**Q**

당신(남)은 오래된 집을 가지고 있습니까?

هَلْ عِنْدَكَ بَيْتٌ قَدِيمٌ؟

할 잉다카 바이툰 까디-문?

당신(남)은 새 자동차을 가지고 있습니까?

هَلْ عِنْدَكَ سَيَّارَةٌ جَدِيدَةٌ ؟

할 잉다카 싸이야-라툰 자디-다툰?

**A**

아닙니다.
저는 새 집을 가지고 있습니다.

عِنْدِي بَيْتٌ جَدِيدٌ. لَا.

라. 잉디- 바이툰 자디-둔.

아닙니다. 저는
오래된 자동차를 가지고 있습니다.

لَا. عِنْدِي سَيَّارَةٌ قَدِيمَةٌ.

라. 잉디- 싸이야-라툰 카디-마툰.

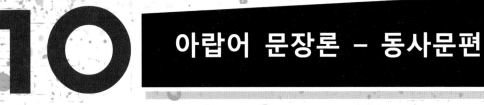

# 10 아랍어 문장론 - 동사문편

아랍어
문장론

## 동사문

- 시제(과거-현재-미래)
- 접속법
- 단축법
- 능동분사
- 수동분사
- 수동태

| 형 | I |
|---|---|
| 완료형(수동태) | فَعَلَ (فُعِلَ) |
| 미완료 직설법(수동태) | يَفْعَلُ (يُفْعَلُ) |
| 미완료 접속법 | يَفْعَلَ |
| 미완료 단축법(명령) | يَفْعَلْ |
| 명령법 | إِفْعَلْ |
| 능동분사 | فَاعِلٌ |
| 수동분사 | مَفْعُولٌ |

| 기본형=과거형 | 현재형=미완료직설법 | 접속법 | 단축법 |
|---|---|---|---|
| فَعَلَ | يَفْعَلُ | يَفْعَلَ | يَفْعَلْ |
| ~을 했다 | ~을 하다 | | |

용법에 맞추어 쓰임
- 단축법 + لَمْ
  과거시제 부정
- 접속법 + لَنْ
  미래시제 부정

**ex**

| دَرَسَ | 공부했다 | يَدْرُسُ | 공부하다 |
|---|---|---|---|
| كَتَبَ | 글을 썼다 | يَكْتُبُ | 글을 쓰다 |
| رَكَبَ | 승차했다 | يَرْكَبُ | 승차하다 |

## 인칭 별 동사 변화

◉ 아랍어 동사는 인칭에 따라 모양이 변화된다.

◉ 그래서 인칭대명사가 생략한다. (강조 할 때는 생략하지 않는다.)

◉ 인칭(단수, 복수, 쌍수)에 따라 동사는 규칙적으로 변화한다. (습득 필요)

◉ 현재 be 동사는 생략 한다. 단, be 동사가 과거, 미래동사는 생략하지 않는다.

◉ 아랍어 동사는 <u>완료형 3인칭 동사</u>를 기본형으로 일컫는다.

| 뜻 | 미완료 직설법<br>(현재형) | 완료형<br>(과거형) | 뜻 |
|---|---|---|---|
| 내가 가다 | أَذْهَبُ | ذَهَبْتُ | 내가 갔다 |
| 너(남)가 가다 | تَذْهَبُ | ذَهَبْتَ | 너(남)가 갔다 |
| 너(여)가 가다 | تَذْهَبِينَ | ذَهَبْتِ | 너(여)가 갔다 |
| 그가 가다 | يَذْهَبُ | ذَهَبَ | 그가 갔다 |
| 그녀가 가다 | تَذْهَبُ | ذَهَبَتْ | 그녀가 갔다 |

**ex**

1. 나는 오늘 ○○박물관에 간다.

2. 나는 어제 ○○대학교에 갔다.

٢-ذَهَبْتُ إِلَى الجَامِعَةِ ٠٠ أَمْسِ.

١-أَذْهَبُ إِلَى المَتْحَفِ ٠٠ اليومَ.

| 마시다 | 미 완 료 형 (현재) | | | | |
|---|---|---|---|---|---|
| | 1인칭<br>공통 | 2인칭<br>남성 | 2인칭<br>여성 | 3인칭<br>남성 | 3인칭<br>여성 |
| | أَشْرَبُ | تَشْرَبُ | تَشْرَبِينَ | يَشْرَبُ | تَشْرَبُ |

★ **현재 미완료 동사 / 마시다 - 연습** 🔊 75

| 주스 | عَصِيرٌ |
|---|---|
| 포도 | عِنَبٌ |
| 바나나 | مَوْزٌ |
| 토마토 | طَمَاطِمٌ |
| 사과 | تُفَّاحٌ |
| 오렌지 | بُرْتُقَالٌ |

나는 포도주스를 마신다.

أَشْرَبُ عَصِيرَ العِنَبِ.

당신(남)은 바나나주스를 마십니까?

هَلْ تَشْرَبُ عَصِيرَ المَوْزِ ؟

당신(여)는 토마토주스를 마십니까?

هَلْ تَشْرَبِينَ عَصِيرَ الطَّمَاطِمِ ؟

그는 사과주스를 마십니까?

هَلْ يَشْرَبُ عَصِيرَ التُّفَاحِ ؟

그녀는 오렌지주스를 마십니까?

هَلْ تَشْرَبُ عَصِيرَ البُرْتُقَالِ ؟

| 완 료 형 (과거) | | | | |
|---|---|---|---|---|
| 1인칭<br>공통 | 2인칭<br>남성 | 2인칭<br>여성 | 3인칭<br>남성 | 3인칭<br>여성 |
| شَرَبْتُ | شَرَبْتَ | شَرَبْتِ | شَرَبَ | شَرَبَتْ |

| 미 완 료 형 (현재) | | | | |
|---|---|---|---|---|
| 1인칭<br>공통 | 2인칭<br>남성 | 2인칭<br>여성 | 3인칭<br>남성 | 3인칭<br>여성 |
| أَذْهَبُ | تَذْهَبُ | تَذْهَبِينَ | يَذْهَبُ | تَذْهَبُ |

**가다**

⭐ **현재 미완료 동사 / 가다 – 연습** 🔊 76

나는 박물관으로 간다.

أَذْهَبُ إِلَى المَتْحَفِ.

기차역으로 어떻게 갑니까?

كَيْفَ أَذْهَبُ إِلَى مَحَطَّةِ القِطَارِ ؟

공항으로 어떻게 갑니까?

كَيْفَ أَذْهَبُ إِلَى المَطَارِ ؟

나는 버스 정거장으로 간다.

أَذْهَبُ إِلَى مَحَطَّةِ الأُوتُوبِيس.

당신(남)은 지금 도서관으로 갑니까?

هَلْ تَذْهَبُ إِلَى المَكْتَبَةِ الآنْ ؟

| 박물관 | المَتْحَف |
|---|---|
| 기차역 | مَحَطَّةُ القِطَار |
| 공항 | المَطَار |
| 도서관 | المَكْتَبَة |

| 완 료 형 (과거) | | | | |
|---|---|---|---|---|
| 1인칭<br>공통 | 2인칭<br>남성 | 2인칭<br>여성 | 3인칭<br>남성 | 3인칭<br>여성 |
| ذَهَبْتُ | ذَهَبْتَ | ذَهَبْتِ | ذَهَبَ | ذَهَبَتْ |

| 미 완 료 형 (현재) | | | | |
|---|---|---|---|---|
| 1인칭<br>공통 | 2인칭<br>남성 | 2인칭<br>여성 | 3인칭<br>남성 | 3인칭<br>여성 |
| أَدْرُسُ | تَدْرُسُ | تَدْرُسِينَ | يَدْرُسُ | تَدْرُسُ |

**공부하다**

⭐ **현재 미완료 동사 / 공부하다 – 연습** 🔊 77

그녀는 아랍어를 공부하고 있습니까?

هَلْ هِيَ تَدْرُسُ اللُّغَةَ العَرَبِيَّةَ ؟.

그는 중국어를 공부하고 있습니까?

هَلْ هُوَ يَدْرُسُ اللُّغَةَ الصِّينِيَّةَ ؟

당신(남)은 일본어를 공부하고 있습니까?

هَلْ أَنْتَ تَدْرُسُ اللُّغَةَ اليَابَانِيَّةَ ؟

나는 프랑스어를 공부하고 있습니다.

أَنا أَدْرُسُ اللُّغَةَ الفَرَنْسِيَّةَ.

당신(여)는 한국어를 공부하고 있습니까?

هل أَنْتِ تَدْرُسِينَ اللُّغَةَ الكُورِيَةَ ؟

| 한국어 | اللُّغَةُ الكُورِيَةُ |
|---|---|
| 아랍어 | اللُّغَةُ العَرَبِيَّةُ |
| 중국어 | اللُّغَةُ الصِّينِيَّةُ |
| 일본어 | اللُّغَةُ اليَابَانِيَّةُ |
| 프랑스어 | اللُّغَةُ الفَرَنْسِيَّةُ |

| 완 료 형 (과거) | | | | |
|---|---|---|---|---|
| 1인칭<br>공통 | 2인칭<br>남성 | 2인칭<br>여성 | 3인칭<br>남성 | 3인칭<br>여성 |
| دَرَسْتُ | دَرَسْتَ | دَرَسْتِ | دَرَسَ | دَرَسَتْ |

| 돌아오다 | 미 완 료 형 (현재) | | | | |
|---|---|---|---|---|---|
| | 1인칭<br>공통 | 2인칭<br>남성 | 2인칭<br>여성 | 3인칭<br>남성 | 3인칭<br>여성 |
| | أَرْجِعُ | تَرْجِعُ | تَرْجِعِينَ | يَرْجِعُ | تَرْجِعُ |

⭐ **현재 미완료 동사 / 돌아오다 - 연습** 🔊 78

나는 현재 회사에서 돌아온다.

أَرْجِعُ مِنَ الشَّرِكَةِ الآنَ.

그녀는 박물관에서 돌아온다.

تَرْجِعُ مِنَ الْمَتْحَفِ.

그는 학교에서 돌아온다.

يَرْجِعُ مِنَ الْمَدْرَسَةِ.

| 회사 | الشَّرِكَةُ |
|---|---|
| 박물관 | الْمَتْحَفُ |
| 학교 | الْمَدْرَسَةُ |
| 은행 | الْبَنْكُ |

당신(여)는 현재 회사에서 돌아옵니까?

هَلْ تَرْجِعِينَ مِنَ الشَّرِكَةِ الآنَ ؟

당신(남)은 현재 은행에서 돌아옵니까?

هَلْ أَنْتَ تَرْجِعُ مِنَ الْبَنْكِ الآنَ ؟

| 완 료 형 (과거) | | | | |
|---|---|---|---|---|
| 1인칭<br>공통 | 2인칭<br>남성 | 2인칭<br>여성 | 3인칭<br>남성 | 3인칭<br>여성 |
| رَجَعْتُ | رَجَعْتَ | رَجَعْتِ | رَجَعَ | رَجَعَتْ |

아랍어
문장론

아랍어 현재 동사의 중간 자리 모음은
따로 암기 해야 한다. 사전을 찾자.

## ⭐ **아랍어 현재 동사** - 과거 동사 연습하기 (1형)

### فعل
#### 하다 (do)

| 인칭 | 1인칭공통 | 2인칭남성 | 2인칭여성 | 3인칭남성 | 3인칭여성 |
|---|---|---|---|---|---|
| 완료형 | فَعَلْتُ | | | | |
| 미완료형 | | تَفْعَلُ | | | |

### كتب
#### 쓰다 (write)

| 인칭 | 1인칭공통 | 2인칭남성 | 2인칭여성 | 3인칭남성 | 3인칭여성 |
|---|---|---|---|---|---|
| 완료형 | كَتَبْتُ | | | | |
| 미완료형 | | تَكْتُبُ | | | |

### عمل
#### 일하다 (do)

| 인칭 | 1인칭공통 | 2인칭남성 | 2인칭여성 | 3인칭남성 | 3인칭여성 |
|---|---|---|---|---|---|
| 완료형 | عَمِلْتُ | | | | |
| 미완료형 | | تَعْمَلُ | | | |

### فتح
#### 열다 (do)

| 인칭 | 1인칭공통 | 2인칭남성 | 2인칭여성 | 3인칭남성 | 3인칭여성 |
|---|---|---|---|---|---|
| 완료형 | فَتَحْتُ | | | | |
| 미완료형 | | تَفْتَحُ | | | |

⭐ **아랍어 약동사 현재 – 과거 동사 연습 하기 (1형)**

**قال**

말하다 (say)

| 인칭 | 1인칭공통 | 2인칭남성 | 2인칭여성 | 3인칭남성 | 3인칭여성 |
|---|---|---|---|---|---|
| 완료형 | قُلْتُ | | | قَالَ | قَالَتْ |
| 미완료형 | | تَقُولُ | | | |

**أكل**

먹다 (eat)

| 인칭 | 1인칭공통 | 2인칭남성 | 2인칭여성 | 3인칭남성 | 3인칭여성 |
|---|---|---|---|---|---|
| 완료형 | كُلْتُ | | | أَكَلَ | أَكَلَتْ |
| 미완료형 | آكُلُ | تَأْكُلُ | | | |

**زار**

방문하다 (wake up)

| 인칭 | 1인칭공통 | 2인칭남성 | 2인칭여성 | 3인칭남성 | 3인칭여성 |
|---|---|---|---|---|---|
| 완료형 | زُرْتُ | | | زَارَ | زَارَتْ |
| 미완료형 | | تَزُورُ | تَزُورِينَ | | |

**أخد**

가지다 (take)

| 인칭 | 1인칭공통 | 2인칭남성 | 2인칭여성 | 3인칭남성 | 3인칭여성 |
|---|---|---|---|---|---|
| 완료형 | أَخَدْتُ | | | | |
| 미완료형 | | تَأْخُدُ | | | |

★ **아랍어 현재 동사 - 과거 동사 연습하기 (2형)**

قرّر

### 결정하다 (decide)

| 인칭 | 1인칭공통 | 2인칭남성 | 2인칭여성 | 3인칭남성 | 3인칭여성 |
|---|---|---|---|---|---|
| 완료형 | قَرَّرْتُ | | | | |
| 미완료형 | | نُقَرِّرُ | | | |

قدّم

### 제공하다 (offer)

| 인칭 | 1인칭공통 | 2인칭남성 | 2인칭여성 | 3인칭남성 | 3인칭여성 |
|---|---|---|---|---|---|
| 완료형 | قَدَّمْتُ | | | | |
| 미완료형 | | نُقَدِّمْ | | | |

★ **아랍어 현재 동사 - 과거 동사 연습하기 (3형)**

قابل

### 만나다 (meet)

| 인칭 | 1인칭공통 | 2인칭남성 | 2인칭여성 | 3인칭남성 | 3인칭여성 |
|---|---|---|---|---|---|
| 완료형 | قَابَلْتُ | | | | |
| 미완료형 | | تُقَابِلُ | | | |

ساعد

### 돕다 (help)

| 인칭 | 1인칭공통 | 2인칭남성 | 2인칭여성 | 3인칭남성 | 3인칭여성 |
|---|---|---|---|---|---|
| 완료형 | سَاعَدْتُ | | | | |
| 미완료형 | | تُسَاعِدُ | | | |

## ⭐ 아랍어 현재 동사 - 과거 동사 연습하기 (4형)

أصبح    ~이 되다 (do)

| 인칭 | 1인칭공통 | 2인칭남성 | 2인칭여성 | 3인칭남성 | 3인칭여성 |
|---|---|---|---|---|---|
| 완료형 | أَصْبَحَ | | | | |
| 미완료형 | | تُصْبِحُ | | | |

## ⭐ 아랍어 현재 동사 - 과거 동사 연습하기 (5형)

تكلّم    (어떤 언어를) 구사하다 (speak)

| 인칭 | 1인칭공통 | 2인칭남성 | 2인칭여성 | 3인칭남성 | 3인칭여성 |
|---|---|---|---|---|---|
| 완료형 | تَكَلَّمْتُ | | | | |
| 미완료형 | | تَتَكَلَّمُ | | | |

## ⭐ 아랍어 현재 동사 - 과거 동사 연습하기 (6형)

تعاون    협력하다 (cooperate)

| 인칭 | 1인칭공통 | 2인칭남성 | 2인칭여성 | 3인칭남성 | 3인칭여성 |
|---|---|---|---|---|---|
| 완료형 | تَعَاوَنْتُ | | | | |
| 미완료형 | | تَتَعَاوَنُ | | | |

아랍어 동사는 1~10 형까지 있으며 자세한 1형 ~ 10형 동사에 대한 자세한
공부는 종합 아랍어 1권, 2권 (송산출판사)를 참고 하면 된다.

### ★ 아랍어 현재 동사 - 과거 동사 연습하기 (7형)

إنفتح

열리다 (open up)

| 인칭 | 1인칭공통 | 2인칭남성 | 2인칭여성 | 3인칭남성 | 3인칭여성 |
|------|----------|----------|----------|----------|----------|
| 완료형 | إِنْفَتَحْتُ | | | | |
| 미완료형 | | تَنْفَتِحُ | | | |

### ★ 아랍어 현재 동사 - 과거 동사 연습하기 (8형)

تكلّم

듣다 (listen)

| 인칭 | 1인칭공통 | 2인칭남성 | 2인칭여성 | 3인칭남성 | 3인칭여성 |
|------|----------|----------|----------|----------|----------|
| 완료형 | تَكَلَّمْتُ | | | | |
| 미완료형 | | تَتَكَلَّمُ | | | |

### ★ 아랍어 현재 동사 - 과거 동사 연습하기 (10형)

استعمل

사용하다 (use)

| 인칭 | 1인칭공통 | 2인칭남성 | 2인칭여성 | 3인칭남성 | 3인칭여성 |
|------|----------|----------|----------|----------|----------|
| 완료형 | اِسْتَعْمَلْتُ | | | | |
| 미완료형 | | تَسْتَعْمِلُ | | | |

아랍어 동사 인칭 변형은 규칙이기 때문에 연습만 꾸준히 하면 누구나 잘 할 수 있다. 답안은 따로 책에 첨부가 되어 있지 않으며, 답을 확인하고자 하는 분들은 다음 카페 [아랍어 스터디] cafe.daum.net/arabicstuding 에서 확인 가능하다.

| 동사문 | 과거 (was) | 현재 (is) : 생략가능 | 미래 (will be) |
|---|---|---|---|
| 시제 | كَانَ | يَكُونُ | سَيَكُونُ |

## 격에 따라 변하는 모습

| 격 | 1인칭 공통 | 2인칭 남성 | 2인칭 여성 | 3인칭 남성 | 3인칭 여성 |
|---|---|---|---|---|---|
| 과거 | كُنْتُ | كُنْتَ | كُنْتِ | كَانَ | كَانَتْ |
| 현재 | أَكُونُ | تَكُونُ | تَكُونِينَ | يَكُونُ | تَكُونُ |
| 미래 | سَأَكُونُ | سَتَكُونُ | سَتَكُونِينَ | سَيَكُونُ | سَتَكُونُ |

◎ (서술어)목적격 + كَانَ : 서술어가 목적격으로 쓰고, 주어는 주격으로 변화는 없다.

ex 그는 학생이었다.     كَانَ طَالِبًا.

어제는 날씨가 추웠다.     كَانَ الجَوُّ بَارِدًا أَمْسِ.

◎ 현재 시제 يَكُونُ 는 생략된다. [명사문의 특징]

ex 오늘 날씨가 춥다.     يَكُونُ الجَوُّ بَارِدٌ اليَومَ. ◄ 생략됨

◎ 미래시제는 미완료 동사 앞에서 سَوف 또는 س- 를 붙인다.

ex 내일 날씨가 추울 것이다.     سَيَكُونُ الجَوُّ بَارِدًا غَدًا.

سَوْفَ يَكُونُ الجَوُّ بَارِدًا غَدًا.

**01.** 다음 빈칸에 알맞은 아랍어 단어를 쓰시오.

(1)

| 격 | 1인칭 공통 | 2인칭 남성 | 2인칭 여성 | 3인칭 남성 | 3인칭 여성 |
|---|---|---|---|---|---|
| 과거 | | دَرَسْتَ | | | |
| 현재 | | | | يَدْرُسُ | |
| 미래 | | سَتَدْرُسُ | | | |

(2)

| 격 | 1인칭 공통 | 2인칭 남성 | 2인칭 여성 | 3인칭 남성 | 3인칭 여성 |
|---|---|---|---|---|---|
| 과거 | | | | جَلَسَ | |
| 현재 | | | | يَجْلِسُ | |
| 미래 | | سَتَجْلِسُ | | | |

**02.** 다음 빈칸에 알맞은 아랍어 단어를 쓰시오.

(1)

| 격 | 1인칭 공통 | 2인칭 남성 | 2인칭 여성 | 3인칭 남성 | 3인칭 여성 |
|---|---|---|---|---|---|
| 과거 |  | سَكَنْتَ |  |  |  |
| 현재 |  |  | تَسْكُنِينَ |  |  |
| 미래 |  | سَتَسْكُنُ |  |  |  |

(2)

| 격 | 1인칭 공통 | 2인칭 남성 | 2인칭 여성 | 3인칭 남성 | 3인칭 여성 |
|---|---|---|---|---|---|
| 과거 |  |  |  | دَخَلَ |  |
| 현재 |  |  |  | يَدْخُلُ |  |
| 미래 |  | سَتَدْخُلُ |  |  |  |

**03.** 다음 아래에 있는 표를 참고하여 한국말을 아랍어로 작문하시오.

1) 나는 내일 아랍어를 공부할 것이다.
2) 그녀는 어제 그에게 편지를 썼습니까?
3) 나는 매일 버스를 탄다
4) 그는 어제 그 건물에 들어갔다.
5) 나는 현재 부산에서 살고 있다.
6) 나는 내일 그 구두 가격을 지불할 것이다.
7) 나는 어제 나의 친구들과 축구를 했다.

| | | | |
|---|---|---|---|
| دَرَسَ | 공부했다 | يَدْرُسُ | 공부하다 |
| كَتَبَ | 글을 썼다 | يَكْتُبُ | 글을 쓰다 |
| رَكِبَ | 승차했다 | يَرْكَبُ | 승차하다 |
| دَخَلَ | 들어갔다 | يَدْخُلُ | 들어간다 |
| سَكَنْ | 살았다 | يَسْكُنْ | 살다 |
| دَفَعَ | 지불했다 | يَدْفَعُ | 지불하다 |
| لَعِبَ | 운동했다 | يَلْعَبُ | 운동하다 |

## 01.

(1)

| 격 | 1인칭<br>공통 | 2인칭<br>남성 | 2인칭<br>여성 | 3인칭<br>남성 | 3인칭<br>여성 |
|---|---|---|---|---|---|
| 과거 | دَرَسْتُ | دَرَسْتَ | دَرَسْتِ | دَرَسَ | دَرَسَتْ |
| 현재 | أَدْرُسُ | تَدْرُسُ | تَدْرُسِينَ | يَدْرُسُ | تَدْرُسُ |
| 미래 | سَأَدْرُسُ | سَتَدْرُسُ | سَتَدْرُسِينَ | سَيَدْرُسُ | سَتَدْرُسُ |

(2)

| 격 | 1인칭<br>공통 | 2인칭<br>남성 | 2인칭<br>여성 | 3인칭<br>남성 | 3인칭<br>여성 |
|---|---|---|---|---|---|
| 과거 | جَلَسْتُ | جَلَسْتَ | جَلَسْتِ | جَلَسَ | جَلَسَتْ |
| 현재 | أَجْلِسُ | تَجْلِسُ | تَجْلِسِينَ | يَجْلِسُ | تَجْلِسُ |
| 미래 | سَأَجْلِسُ | سَتَجْلِسُ | سَتَجْلِسِينَ | سَيَجْلِسُ | سَتَجْلِسُ |

## 02.

(1)

| 격 | 1인칭<br>공통 | 2인칭<br>남성 | 2인칭<br>여성 | 3인칭<br>남성 | 3인칭<br>여성 |
|---|---|---|---|---|---|
| 과거 | سَكَنْتُ | سَكَنْتَ | سَكَنْتِ | سَكَنَ | سَكَنَتْ |
| 현재 | أَسْكُنُ | تَسْكُنُ | تَسْكُنِينَ | يَسْكُنُ | تَسْكُنُ |
| 미래 | سَأَسْكُنُ | سَتَسْكُنُ | سَتَسْكُنِينَ | سَيَسْكُنُ | سَتَسْكُنُ |

**02.**

(2)

| 격 | 1인칭 공통 | 2인칭 남성 | 2인칭 여성 | 3인칭 남성 | 3인칭 여성 |
|---|---|---|---|---|---|
| 과거 | دَخَلْتُ | دَخَلْتَ | دَخَلْتِ | دَخَلَ | دَخَلَتْ |
| 현재 | أَدْخُلُ | تَدْخُلُ | تَدْخُلِينَ | يَدْخُلُ | تَدْخُلُ |
| 미래 | سَأَدْخُلُ | سَتَدْخُلُ | سَتَدْخُلِينَ | سَيَدْخُلُ | سَتَدْخُلُ |

**03.**

١) سَأَدْرُسُ اللُّغَةَ العَرَبِيَّةَ غَدًا.

٢) هَلْ كَتَبَتْ رِسَالَةً لَهُ أَمْسِ؟

٣) أَرْكَبُ الأُوتُوبِيسَ كُلَّ يَوْمٍ.

٤) دَخَلَ البِنَاءَ أَمْسِ.

٥) أَسْكُنُ في المَدِينَةِ "بُوسَانْ" الآنْ.

٦) سَأَدْفَعُ ثَمَنَ الحِذَاءِ غَدًا.

٧) لَعِبْتُ كُرَةَ القَدَمِ مَعَ أَصْدِقَائِي أَمْسِ.

## 동사문

접속법 · يَفْعَلَ

**접속법이란?** 현재 미완료형에서 끝부분에 모음이 '아' 가 되는 형태
단, 여성 2인칭일 경우 현재 미완료형과 조금 다르다.

〈동사 نزل "내리다"〉

| 인칭 | 현재 미완료형 | 접속법 |
|---|---|---|
| 3 인칭 남성 | يَنْزِلُ | يَنْزِلَ |
| 3 인칭 여성 | تَنْزِلُ | تَنْزِلَ |
| 2 인칭 남성 | تَنْزِلُ | تَنْزِلَ |
| 2 인칭 여성 | تَنْزِلِينَ | تَنْزِلي |
| 1 인칭 공통 | أَنْزِلُ | أَنْزِلَ |

➕ 용법

◉ 접속법 + لَنْ(~하지 않을 것이다.) : 미래 시제 부정

**ex**

لَنْ أَذْهَبَ إِلَى الجَامِعَةِ.    나는 대학에 가지 않을 것이다.

لَنْ يَرْجِعَ إِلَى مِصْرَ.    그는 이집트로 돌아가지 않을 것이다.

◉ 접속법 + لِ / كَيْ / لِكَيْ :~을 위해

سَأَذْهَبُ إِلَى السُّوقِ لِأَشْتَرِيَ قَمِيصًا.    나는 셔츠 한 벌을 사러 시장에 갈 것입니다.

117

@ 접속법 + أَنْ : 동사 + 동사 연결할 경우 사용

| 나는 커피를 원한다. | 나는 커피를 마시기를 원한다. |
|---|---|
| أُرِيدُ القَهْوَةَ. | أُرِيدُ أَنْ أَشْرَبَ القَهْوَةَ. |

영어 to 부정사와 같이 쓰인다. 좀 더 연습해보자.

1) 그는 의사가 되고 싶다.
2) 그녀는 00 대학교에 들어가고 싶다.
3) 당신(여)는 집에 돌아가고 싶습니까?
4) 나는 00 박물관에 가고 싶다.
5) 파티마는 그 자동차를 타고 싶다.

| يُرِيدُ | 그가 원하다 | تَرجِعِي | 너(여)가 돌아가다(접속법) |
|---|---|---|---|
| يُصْبِحَ | 그가 되다(접속법) | أَذهَبَ | 내가 가다(접속법) |
| تَدخُلَ | 그녀가 들어가다(접속법) | تَركَبَ | 그녀가 타다(접속법) |

١) يُرِيدُ أَنْ يُصبِحَ الطَّبِيبَ.

٢) تُرِيدُ أَنْ تَدخُلَ إلى الجامعة ...

٣) هَلْ تُرِيدِينَ أَنْ تَرجِعِي إلى البَيْتِ؟

٤) أُرِيدُ أَنْ أَذهَبَ إلى المَتْحَفِ.

٥) تُرِيدُ فاطِمَةُ أَنْ تَركَبَ السَّيَّارَة.

아랍어
문장론

## 동사문

단축법

يَفْعَلْ

**단축법이란?**  현재 미완료형에서 끝부분에 모음이 수쿤이 되는 형태
단, 여성 2인칭일 경우 현재 미완료형과 조금 다르다.

〈 동사  رَكِبَ  "타다" 〉

| 인칭 | 단축법 | 현재 미완료형 |
|---|---|---|
| 1 인칭 공통 | أَرْكَبْ | أَرْكَبُ |
| 2 인칭 남성 | تَرْكَبْ | تَرْكَبُ |
| 2 인칭 여성 | تَرْكَبِي | تَرْكَبِينَ |
| 3 인칭 남성 | يَرْكَبْ | يَرْكَبُ |
| 3 인칭 여성 | تَرْكَبْ | تَرْكَبُ |

### 🞧 용법

◎  단축법 + لَم : 완료시제 부정

لَمْ أَذْهَبْ إِلَى المكَانِ.        나는 그 장소에 가지 않았다.

◎  단축법 + هَيَّا : ( ～ 하자/ let's )

هَيَّا نَذْهَبْ.        우리 가자.

◎  단축법 + لا : 부정명령

لا تَشْتَرِي هَذَا الكِتَابَ.        당신은 그 책을 사지 마시오.

완료시제 부정 할 때 부정사 مَا + 〈완료동사〉를 사용해서 바꿀 수 있다.

لَمْ أَشْرَبْ الشَّايَ كَثِيرًا.　　나는 그 차를 많이 마시지 않았다.

مَا شَرَبْتُ الشَّايَ كَثِيرًا.

〈시제별 부정 표현 공식〉

| 현재시제부정 | 현재미완료동사 + لا | لا أَذْهَبُ | 나는 안 간다 |
|---|---|---|---|
| 과거시제부정 | 단축법 + لَمْ | لَمْ أَذْهَبْ | 나는 안 갔다 |
| 미래시제부정 | 접속법 + لَنْ | لَنْ أَذْهَبَ | 나는 안 갈 것이다 |

**ex**

1) 나는 생선을 먹지 않는다.

لا آكُلُ سَمَكًا.

2) 그는 대학교를 가지 않을 것이다.

لَنْ يَذْهَبَ إِلَى الجَامِعَةِ.

3) 파티마는 어제 그 도서관에 가지 않았다.

لَمْ تَذْهَبْ فَاطِمَةُ إِلَى المَكْتَبَةِ أَمْسِ.

4) 그는 내일 회사에 가지 않을 것이다.

لَنْ يَذْهَبَ إِلَى الشَّرِكَةِ غَدًا.

5) 그녀는 방금 그 사무실에 도착하지 않았나요?

أَلَمْ تَصِلْ إِلَى المَكْتَبِ حَالاً؟

| 명령형 | إِفْعَلْ |

단축법 형태에서 명령형을 만들 수 있다.

|  | 단축법 | 명령형 |
|---|---|---|
| 밑줄 친 중간 모음 "아" 나 "이"일 경우 | يَفْعَلْ | إِفْعَلْ |
|  | يَفْعِلْ |  |
| 밑줄 친 중간 모음이 "우"일 경우 | يَفْعُلْ | أُفْعُلْ |

하지만 어떤 명령형도 생각이 안 날 때는 "~하세요."의 뜻을 가진

(여) تَفَضَّلِي (남) تَفَضَّلْ

**ex**

| إِذْهَبْ | 가라 |
|---|---|
| أُكْتُبْ | 써라 |
| إِدْفَعْ | 지불하라 |
| إِجْلِسْ هُنَا. | 여기에 앉아라 |

능동분사의 기본적인 의미는 "~을 하는" 으로 사람이나 사물을 수식한다. 또는 명사로도 쓰인다.

1형일 때는 فَاعِلٌ 이고 2~10형은 <부록> 참조

1) 서술어 기능의 예

أَنَا كَاتِبٌ رِسَالَةً.

هُوَ قَادِمٌ مِنْ القَاهِرَةِ.

هِيَ ذَاهِبَةٌ إِلَى المَدْرَسَةِ.

나는 편지를 쓰고 있다.
그는 카이로에서 오고 있다.
그녀는 학교에 가고 있다.

2) 명사 기능의 예

| 쓰다 | كَتَبَ | ⟹ | كَاتِبٌ | 작가 |
| 일하다 | عَمَلَ | ⟹ | عَامِلٌ | 노동자 |
| 살다 | سَكَنَ | ⟹ | سَاكِنٌ | 주민 |

동사문

수동분사    مَفْعُولٌ    ~ed
또는 ~당한 사람

수동분사의 기본적인 의미는 "~이 되어지는" 으로 사람이나 사물을 수식한다.
또한 몇 개의 1형 수동분사는 어떤 잠재적 의미 (~할 수 있는)을 가진다.
1형일 때는 مَفْعُولٌ 이고 2~10형은 <부록> 참조

| | | | |
|---|---|---|---|
| 쓰다 | كَتَبَ | ⟹ | مَكْتُوبٌ | 쓰여진 |
| 금지하다 | مَنَعَ | ⟹ | مَمْنُوعٌ | 금지된 |
| 먹다 | أَكَلَ | ⟹ | مَأْكُولٌ | 먹을 수 있는 |
| 듣다 | سَمِعَ | ⟹ | مَسْمُوعٌ | 들을 수 있는, 들린 |

| 동사문 | فُعِلَ | 동사문 | يُفْعَلُ |
| --- | --- | --- | --- |
| 수동태 완료형 | | 수동태 미완료형 | |

수동태란 주어가 다른 동작 주에 의해 작용을 받는 동사이다.

| | |
| --- | --- |
| وُلِدَ | يُوْلَدُ |
| 태어났다 | 태어나다 |
| شُرِبَ | يُشْرَبُ |
| 마셔졌다 | 마셔진다 |
| تُرِكَ | يُتْرَكُ |
| 남겨졌다 | 남겨지다 |
| مُنِعَ | يُمْنَعُ |
| 금지되었다 | 금지되다 |

아랍어 수동태에서는 동작 주를 명시하지 않는다. 동작 주를 명시 할 때는 반드시 능동태를 쓴다.

| 수동태 | بُحِثَ عَنِ الحَقِيبَةِ. | 그 가방이 찾아졌다. |
| --- | --- | --- |
| 능동태 | بَحَثْتُ عَنِ الحَقِيبَةِ. | 나는 그 가방을 찾았다. |

**01.** 다음 동사를 보고 문법에 맞게 아랍어를 빈칸에 쓰시오.

(3) شَرِبَ     (2) فَتَحَ     (1) دَرَسَ

| 형 | I | I | I |
|---|---|---|---|
| 완료형 (수동태) | دَرَسَ (دُرِسَ) | فَتَحَ (فُتِحَ) | شَرِبَ (شُرِبَ) |
| 미완료직설법 (수동태) | يَدْرُسُ (يُدْرَسُ) | يَفْتَحُ (يُفْتَحُ) | يَشْرَبُ (يُشْرَبُ) |
| 미완료 접속법 | | | |
| 미완료 단축법 | | | |
| 명령형 | | إِفْتَحْ | |
| 능동분사 | دَارِسٌ | | |
| 수동분사 | | | مَشْرُوبٌ |

**02.** 다음 한국어를 아랍어로 작문하시오. (2인칭 남성에게 하는 말)

(1) 저기에 가지 마라.

(2) 이 음식을 먹지 마라.

(3) 그 편지를 읽지 마라.

01.

| 형 | I | I | I |
|---|---|---|---|
| 완료형<br>(수동태) | دَرَسَ (دُرِسَ) | فَتَحَ (فُتِحَ) | شَرِبَ (شُرِبَ) |
| 미완료직설법<br>(수동태) | يَدْرُسُ (يُدْرَسُ) | يَفْتَحُ (يُفْتَحُ) | يَشْرَبُ (يُشْرَبُ) |
| 미완료 접속법 | يَدْرُسَ | يَفْتَحَ | يَشْرَبَ |
| 미완료 단축법 | يَدْرُسْ | يَفْتَحْ | يَشْرَبْ |
| 명령형 | أُدْرُسْ | إِفْتَحْ | إِشْرَبْ |
| 능동분사 | دَارِسٌ | فَاتِحٌ | يَشْرَبُ |
| 수동분사 | مَدْرُوسٌ | مَفْتُوحٌ | مَشْرُوبٌ |

02.

(١) لا تَذْهَبْ إِلى هُنَاكَ.

(٢) لا تَأْكُلْ هَذَا الطَّعَامَا.

(٣) لا تَقْرَأْ الرِّسَالَةَ.

| 어렵다<br>صَعْبَةٌ<br>쏴으바툰 | ⟺ | 쉽다<br>سَهْلَةٌ<br>싸흘라툰 |
|---|---|---|

◁)) 79

중국어는 어렵다.

اللُّغَةُ الصِّينِيَّةُ صَعْبَةٌ.

영어는 어렵다.

اللُّغَةُ الإِنْخْلِيزِيَّةُ صَعْبَةٌ.

아랍어는 쉽다.

اللُّغَةُ العَرَبِيَّةُ سَهْلَةٌ.

한국어는 쉽다.

اللُّغَةُ الكُورِيَّةُ سَهْلَةٌ.

♨ 언어 관련 표현　　　　　　　◁)) 80

| 한국어 | اللُّغَةُ الكُورِيَّةُ |
|---|---|
| 아랍어 | اللُّغَةُ العَرَبِيَّةُ |
| 영어 | اللُّغَةُ الإِنْخْلِيزِيَّةُ |
| 중국어 | اللُّغَةُ الصِّينِيَّةُ |
| 일본어 | اللُّغَةُ اليَابَانِيَّةُ |
| 불어 | اللُّغَةُ الفَرَنْسِيَّةُ |
| 독일어 | اللُّغَةُ المَانِيَّةُ |
| 스페인어 | اللُّغَةُ الإِسْبَانِيَّةُ |
| 러시아어 | اللُّغَةُ الرُّوسِيَّةُ |
| 외국어 | اللُّغَةُ الأَجْنَبِيَّةُ |

# 11

## 아랍어 문장론 – 기타문편

아랍어
문장론

| 기타 | 기타 |
|---|---|
| 특수구문 | 특수구문 |
| 비교급, 최상급 | |
| 관계 대명사 | |

| 뜻: 몇 개(명)의~ | 복수 명사 소유격 | ➕ | بَعْضُ | 1 |

بَعْضُ الطُّلَابِ   몇 명의 학생들   몇 개의 연필들   بَعْضُ الأَقْلَامِ   ex

| 뜻: 대부분의~ | 복수 명사 소유격 | ➕ | مُعْظَمُ | 2 |

مُعْظَمُ الطُّلَابِ   대부분의 학생들   대부분의 연필들   مُعْظَمُ الأَقْلَامِ   ex

| 뜻: 각각의~ | 비한정 소유격 | ➕ | كُلُّ | 3 |

| 뜻: 전체의, 모든~ | 한정 소유격 | ➕ | كُلُّ | |

كُلُّ طُلَابٍ   각각의 학생들   각각의 연필들   كُلُّ أَقْلَامٍ   ex

كُلُّ الطُّلَابِ   모든 학생들   전체의 연필들   كُلُّ الأَقْلَامِ

## 기타

### 비교급, 최상급

남성형은 أَفْعَلُ / 여성형은 فُعْلَى

مِنْ ~ 보다 | 최상급 ➡ +정관사

**ex**

1. 이 연필은 내 연필보다 더 길다.

2. 나의 집은 그의 집보다 더 오래되었다.

هَذَا القَلَمُ أَطْوَلُ مِنْ قَلَمِي.

كَانَ بَيْتِى أَقْدَمُ مِنْ بَيْتِهِ.

| 뜻 | 비교급, 최상급 | 형용사 남성형 | 형용사 뜻 |
|---|---|---|---|
| 더 새로운 | أَجَدُّ | جَدِيدٌ | 새로운 |
| 더 오래된 | أَقْدَمُ | قَدِيمٌ | 오래된 |
| 더 큰 | أَكْبَرُ | كَبِيرٌ | (크기가)큰 |
| 더 작은 | أَصْغَرُ | صَغِيرٌ | (크기가)작은 |
| 더 많은 | أَكْثَرُ | كَثِيرٌ | 많은 |
| 더 적은 | أَقْلَّ | قَلِيلٌ | 적은 |
| 더 아름다운 | أَجْمَلُ | جَمِيلٌ | 아름다운 |
| 더 긴 | أَطْوَلُ | طَوِيلٌ | (길이가)긴 |
| 더 짧은 | أَقْصَرُ | قَصِيرٌ | (길이가)짧은 |

🔊 82

ex **1. 내 (옷) 치수는 그녀의 치수보다 더 크다.**

مَقَاسِي أَكْبَرُ مِنْ مَقَاسِهَا.

**2. 내 연필은 당신(남자)의 연필보다 작다.**

قَلَمِي أَصْغَرُ مِنْ قَلَمِكَ.

**3. 나의 동생(남)은 그 학생보다 더 크다.**

أَخِي أَكْبَرُ مِنْ الطَّالِبِ.

**4. 그 남자는 그녀보다 더 유명하다.**

الرَّجُلُ أَشْهَرُ مِنْهَا.

⭐ **최상급 예문**

🔊 83

1. 그녀는 학교에서 가장 예쁜 학생이다.

هِيَ أَجْمَلُ طَالِبَةٍ فِي المَدْرَسَةِ.

2. 이 건물은 이 지역에서 가장 오래되었다.

هَذَا البِنَاءُ الأَقْدَمُ فِي هَذِهِ المِنْطَقَةِ.

3. 그는 학급에서 가장 키가 큰 남학생이다.

هُوَ الطَّالِبُ الأَكْبَرُ فِي الفَصْلِ.

4. 이 신발은 이 가게에서 가장 최신이다.

هَذَا الحِذَاءُ الأَجَدُّ فِي المَحَلِّ.

## 기타

관계대명사

| | 단수 | 복수 |
|---|---|---|
| 남성 | الَّذِي | الَّذِينَ |
| 여성 | الَّتِي | اللَّوَاتِي |

**1** 관계절은 하나의 문장이 되며 정관사가 있는 명사를 꾸며 주는 것이 특징

**ex** 1. 그 남학생은 바로 내가 좋아하는 학생이다.

### 1- هَذَا الطَّالِبُ الَّذِي أُحِبُّهُ.

A : 관계절 : 하나의 문장

(X) 잘못된 예 – هَذَا طَالِبٌ الَّذِي أُحِبُّهُ.
(O) 성이 여성인 예 – هَذِهِ الطَّالِبَةُ الَّتِي أُحِبُّهَا.

**2** 관계절에 인칭 대명사가 있다면 본문장과 주어가 같은 경우 생략한다.

### 2- هَذِهِ الحَقِيبَةُ القَدِيمَةُ الَّتِي حَقِيبَتِي.

B : 관계절

هِيَ حَقِيبَتِي.

같은 것을 말한다면 생략이 가능하다.

## 가정법

🔊 84

**1** 만약 ~이라면 (실현 가능한 상황)

완료형 동사 ➕ إِذَا

**ex**

1. 나는 내일 날씨가 좋아지면 시내로 영화보러 갈 것이다.

١- إِذَا كَانَ الجَوُّ لَطِيفًا غَدًا، سَأَذْهَبُ إِلَى وَسَطِ المَدِينَةِ لِمُشَاهَدَةِ فِيلْمًا.

단축법 동사 ➕ إِنْ

2. 만일 라일라가 간다면 나도 함께 갈 것이다.

٢- إِنْ تَذْهَبْ لَيْلَى أَذْهَبْ مَعَهَا.

완료형 동사 ➕ إِنْ

3. 그가 학교를 나왔다면, 그의 집으로 도착할 것이다.

٣- إِنْ ذَهَبَ مِنَ المَدْرَسَةِ رَجَعَ إِلَى بَيْتِهِ.

**2** 만약 ~이라면 (실현 불가능한 상황)

لِ ➕ 완료형 동사 ➕ لَوْ

1. 나에게 시간이 있었다면, 그를 만났을 텐데.

١- لَوْ سَمَحْتْ لِي الوَقْتُ لِقَابَلْتُهُ.

**01.** 다음 아랍어 형용사를 비교급 형태로 바꾸시오.

| | ٥) جَمِيلٌ | | ١) طَوِيلٌ |
|---|---|---|---|
| | ٦) قَدِيمٌ | | ٢) جَدِيدٌ |
| | ٧) قَصِيرٌ | | ٣) كَثِيرٌ |
| | ٨) قَلِيلٌ | | ٤) صَغِيرٌ |

**02.** 다음 아랍어 문장을 번역하시오.

١) هَذَا الشَّرِكَةُ الَّتِي يَعْمَلُ أَبِي فِيهَا.

➡ _____

٢) هَذِهِ المَجَلَّةُ الَّتِي أُشاهِدُهَا.

➡ _____

٣) هُوَ الرَّجُلُ الَّذِي بَحَثْتُ عَنْهُ.

➡ _____

**단어 정리**

| 찾다 | بَحَثَ عَنْ | 남자 | رَجُلٌ |
|---|---|---|---|
| 회사 | شَرِكَةٌ | 건물 | بِنَاءٌ |
| 아버지 | أَبٌ | 잡지(단수) | مَجَلَّةٌ |

**03.** 다음 문장을 아랍어로 바꾸시오.

**(1)** 몇몇의 친구들은 서울 대학교의 대학생입니다.

➡ _____

**(2)** 대부분의 음식들은 매우 맛있습니다.

➡ _____

**(3)** 나는 매일 대학교에 간다.

➡ _____

## 단어 정리

| | | | |
|---|---|---|---|
| 친구들(남자, 복수) | أَصْدِقَاءُ | 친구(남자, 단수) | صَدِيقٌ |
| 대학생(복수) | طُلاَّبٌ | 대학생(남자, 단수) | طَالِبٌ |
| ~로(~에) | إِلَى | 하루(1일) | يَوْمٌ |
| 서울 | سِيؤُل | 음식(복수) | أَطْعِمَةٌ |
| 매우 | جِدًّا | 음식(단수) | طَعَامٌ |
| 맛이 있다 | لَذِيذَةٌ | 나는 간다 | أَذْهَبُ |
| 친구들(남자, 복수) | أَصْدِقَاءُ | 친구(남자, 단수) | صَدِيقٌ |

## 답안

**01.**

| ١) أَطْوَلُ | ٢) أَجَدُّ | ٣) أَكْثَرُ | ٤) أَصْغَرُ |
|---|---|---|---|
| ٥) أَجْمَلُ | ٦) أَقْدَمُ | ٧) أَقْصَرُ | ٨) أَقَلُّ |

**02.**

1) 이 회사는 나의 아버지께서 일하시는 회사이다.

2) 이것은 내가 보는 잡지이다.

3) 그는 내가 찾던 남자이다.

**03.**

١- بَعْضُ الأَصْدِقَاءِ هُمْ طُلَّابٌ فِي الجَامِعَةِ "سِيول".

٢- مُعْظَمُ الأَطْعِمَةِ لَذِيذَةٌ جِدًّا.

٣- أَذْهَبُ إِلَى الجَامِعَةِ كُلَّ يَوْمٍ.

## ~할 수 있다 يُمْكِنُ أَنْ- 🔊 85

1. 당신(여)은 그 대학생을 만나실 수 있습니까?

2. 네, 할 수 있습니다.

١- هَلْ يُمكِنُكِ أَنْ تُقَابِلِي الطَّالِبَا؟

٢ - نَعَمْ. يُمْكِنُنِي.

## ~ 맘에 든다 يُعْجِبُ أَنْ - 🔊 86

1. 당신(여)은 이 가방이 마음에 듭니까?

2. 네, 맘에 듭니다..

١- هَلْ يُعْجِبُكِ هَذَا الحِذَاءُ؟

٢ - نَعَم. يُعْجِبُنِي.

## ~원한다 أُرِيدُ أَنْ - 🔊 87

1. 당신(여)은 이집트로 여행가기를 원합니까?

2. 네, 그곳으로 가길 원합니다..

١- هَلْ تُرِيدِينَ أَنْ تُسَافِرِي إِلَى مِصْرَ؟

٢- نَعَمْ. أُرِيدُ أَنْ أُسَافِرَ إِلَيْهِ.

# 12

## 아랍어 문장론 – 숫자, 시간편

아랍어
문장론

숫자, 시간표현

🔊 88

기수    1~10

| | 남성 | 여성 |
|---|---|---|
| 1 | وَاحِدٌ | وَاحِدَةٌ |
| 2 | إِثْنَانِ | إِثْنَتَانِ |
| 3 | ثَلاَثَةٌ | ثَلاَثٌ |
| 4 | أَرْبَعَةٌ | أَرْبَعٌ |
| 5 | خَمْسَةٌ | خَمْسٌ |
| 6 | سِتَّةٌ | سِتٌّ |
| 7 | سَبْعَةٌ | سَبْعٌ |
| 8 | ثَمَانِيَةٌ | ثَمَانٍ |
| 9 | تِسْعَةٌ | تِسْعٌ |
| 10 | عَشَرَةٌ | عَشْرٌ |

명사 ＋ 숫자 ＝ 배열

١    كِتَابٌ وَاحِدٌ    또는    كِتَابٌ

٢    كِتَابَانِ إِثْنَانِ    또는    كِتَابَانِ

٣    ثَلاَثَةُ كُتُبٍ

1    2

❷ 1 과 2 를 제외하고 3 부터 10 까지는
남성형 숫자가 타 마르부타 접미

❷ 1 과 2 는 숫자가 명사 뒤에서 오지만,
3 부터는 숫자가 먼저 온다.

❷ 이때 명사는 소유격 복수 명사

ex

1. 5개의 연필

2. 9개의 자동차

١- خَمْسَةُ أَقْلاَمٍ

٢- تِسْعُ سَيَّارَاتٍ

기수    11~19

🔊 89

أَحَدَ عَشَرَ كِتَابًا

1    2

◉ 이때 명사는 단수 목적격 명사

◉ 일 단위 숫자와 십 단위 숫자 모두 목적격을 쓴다.

| | 남성 | 여성 |
|---|---|---|
| 11 | أَحَدَ عَشَرَ | إِحْدَى عَشْرَةَ |
| 12(주격) | إِثْنَا عَشَرَ | إِثْنَتَا عَشْرَةَ |
| 12 (소유격/목적격) | إِثْنَيْ عَشَرَ | إِثْنَتَيْ عَشْرَةَ |
| 13 | ثَلَاثَةَ عَشَرَ | ثَلَاثَ عَشْرَةَ |
| 14 | أَرْبَعَةَ عَشَرَ | أَرْبَعَ عَشْرَةَ |
| 15 | خَمْسَةَ عَشَرَ | خَمْسَ عَشْرَةَ |
| 16 | سِتَّةَ عَشَرَ | سِتَّ عَشْرَةَ |
| 17 | سَبْعَةَ عَشَرَ | سَبْعَ عَشْرَةَ |
| 18 | ثَمَانِيَةَ عَشَرَ | ثَمَانِي عَشْرَةَ |
| 19 | تِسْعَةَ عَشَرَ | تِسْعَ عَشْرَةَ |

**ex**

1. 12개의 연필

١- إِثْنَا عَشَرَ قَلَمًا

2. 19개의 자동차

٢- تِسْعَ عَشْرَةَ سَيَّارَةً

3. 15개의 가방

٣- خَمْسَ عَشْرَةَ حَقِيبَةً

4. 17개의 책

٤- سَبْعَةَ عَشَرَ كِتَابًا

숫자, 시간표현

기수

20~29

🔊 90

عِشْرُونَ كِتَابًا

1        2

💬 십의 단위 숫자는 남성과 여성명사가 동일

💬 이때 명사는 단수 목적격 명사

|  | 주격 | 목적격과 소유격 |
|---|---|---|
| 20 | عِشْرُونَ | عِشْرِينَ |
| 30 | ثَلَاثُونَ | ثَلَاثِينَ |
| 40 | أَرْبَعُونَ | أَرْبَعِينَ |
| 50 | خَمْسُونَ | خَمْسِينَ |
| 60 | سِتُّونَ | سِتِّينَ |
| 70 | سَبْعُونَ | سَبْعِينَ |
| 80 | ثَمَانُونَ | ثَمَانِينَ |
| 90 | تِسْعُونَ | تِسْعِينَ |

**ex**

| 1. 88개의 연필 | 2. 35개의 가방 |
|---|---|

٢- خَمْسٌ وَ ثَلَاثُونَ حَقِيبَةً      ١- ثَمَانِيَةٌ وَ ثَمَانُونَ قَلَمًا

       30    5               80    8

وَ : 그리고(and)     십 + 일 = 숫자 배열

## 숫자, 시간표현

**기수** ┤ 100~1000 ├

$$\underline{\text{ثَلاَثُمِائَةِ}}\ \underline{\text{كِتَابٍ}}$$

1 ← ثَلاَثُمِائَةِ      2 ← كِتَابٍ

- 이때 명사는 단수 소유격 명사
- 백을 " 미아(툰)"으로 읽고 이때 알리프는 발음 하지 않는다.
- 붙여 쓰기도 가능하다 → ثَلاَثُمِائَةِ

| 100 | مِائَةٌ | 600 | سِتُّ مِائَةٍ |
|---|---|---|---|
| 200 | مِئَتَانِ | 700 | سَبْعُ مِائَةٍ |
| 300 | ثَلاَثُ مِائَةٍ | 800 | ثَمَانِي مِائَةٍ |
| 400 | أَرْبَعُ مِائَةٍ | 900 | تِسْعُ مِائَةٍ |
| 500 | خَمْسُ مِائَةٍ | 1000 | أَلْفٌ |

**ex**

| 1. 500개의 연필 | 2. 1897개의 책 |
|---|---|

٢- أَلْفٌ وَ ثَمَانِي مِائَةٍ وَ سَبْعَةٌ وَ تِسْعُونَ كِتَابٍ     ١- خَمْسُ مِائَةٍ قَلَمٍ

| 3. 990개의 가방 | 4. 1234개의 가방 |
|---|---|

٤- أَلْفٌ وَ مِئَتَانِ وَ أَرْبَعَةٌ وَ ثَلاَثُونَ حَقِيبَةٍ     ٣- تِسْعُ مِائَةٍ حَقِيبَةٍ

┌ 십 ┐ + ┌ 일 ┐ + ┌ 백 ┐ + ┌ 천 ┐ = ┌ 숫자 배열 ┐

아랍어
문장론

숫자, 시간표현

시간
보기

서수

🔊 92

**ex** | 1. 6시 30분

١- السَّاعَةُ السَّادِسَةُ وَ النِّصْفُ

| 2. 8시 20분 |

٢- السَّاعَةُ الثَّامِنَةُ وَ الثُّلُثُ

| 3. 2시 15분 |

٣- السَّاعَةُ الثَّانِيَةُ وَ الرُّبْعُ

---

A: كَمْ السَّاعَةُ الآنْ ؟

B: السَّاعَةُ التَّاسِعَةُ.

A: 지금 몇 시입니까?
B: 9시 입니다.

| 15 분 | الرُّبْعُ |
|---|---|
| 20 분 | الثُّلُثُ |
| 30 분 | النِّصْفُ |

🔊 93

| 1 시 | السَّاعَةُ الوَاحِدَةُ | 7 시 | السَّاعَةُ السَّابِعَةُ |
|---|---|---|---|
| 2 시 | السَّاعَةُ الثَّانِيَةُ | 8 시 | السَّاعَةُ الثَّامِنَةُ |
| 3 시 | السَّاعَةُ الثَّالِثَةُ | 9 시 | السَّاعَةُ التَّاسِعَةُ |
| 4 시 | السَّاعَةُ الرَّابِعَةُ | 10 시 | السَّاعَةُ العَاشِرَةُ |
| 5 시 | السَّاعَةُ الخَامِسَةُ | 11 시 | السَّاعَةُ الحَادِيَةُ عَشَرَةَ |
| 6 시 | السَّاعَةُ السَّادِسَةُ | 12 시 | السَّاعَةُ الثَّانِيَةُ عَشَرَةَ |

144

**01.** 다음 숫자를 아랍어로 바꾸시오.

(1) 7 ➡          (5) 130 ➡

(2) 34 ➡          (6) 194 ➡

(3) 55 ➡          (7) 378 ➡

(4) 23 ➡          (8) 1268 ➡

**02.** 다음 단어를 아랍어로 번역하시오.

(1) 5시 30분 ➡      (2) 2시 20분 ➡

(3) 1시 15분 ➡      (4) 7시 ➡

### 꼭 암기

| 3-10 | 11-99 | 100-1000 |
|---|---|---|
| 복수 소유격 명사 | 단수 목적격 명사 | 단수 소유격 명사 |

**답안**

| | | | |
|---|---|---|---|
| 1 | سَبْعَةٌ | 5 | مِائَةٌ وَ ثَلَاثُونَ |
| 2 | أَرْبَعَةٌ وَ ثَلَاثُونَ | 6 | مِائَةٌ وَ أَرْبَعَةٌ وَ تِسْعُونَ |
| 3 | خَمْسَةٌ وَ خَمْسُونَ | 7 | ثَلَاثُ مِائَةٍ وَ ثَمَانِيَةٌ وَ سَبْعُونَ |
| 4 | ثَلَاثَةٌ وَ عِشْرُونَ | 8 | الفٌ وَ مِئَتَانِ وَ ثَمَانِيَةٌ وَ سِتُّونَ |

| | | | |
|---|---|---|---|
| 1 | السَّاعَةُ الخَامِسَةُ وَ النِّصْفُ | 3 | السَّاعَةُ الوَاحِدَةُ وَ الرُّبْعُ |
| 2 | السَّاعَةُ الثَّانِيَةُ وَ الثُّلُثُ | 4 | السَّاعَةُ السَّابِعَةُ |

소유격 + أَيُّ (어떤, 어느)

🔊 94

فِي أَيِّ سَاعَةٍ سَتَذْهَبُ إِلَى الْمَطَارِ؟

몇 시에 공항에 오시겠습니까?

أَيُّ طَعَامٍ تُحِبُّ؟

당신은 어떤 음식을 좋아합니까?

(비한정 명사의 단수) 목적격 + كَمْ : 수량을 묻는 의문사

🔊 95

كَمْ كِتَابًا عِنْدَكَ؟

당신은 몇 권의 책을 가지고 있습니까?

كَمْ طَالِبًا فِي الْفَصْلِ؟

그 교실에 학생이 몇 명 있습니까?

단축법 + هَيَّا : ~ 하자

🔊 96

هَيَّا نَذْهَبُ إِلَى الْمَتْحَفِ.

우리 그 박물관에 가자.

هَيَّا نَخْرُجْ مِنْ الْبِنَاءِ.

우리 그 건물에서 나가자.

# 부록

## 〈 1~10형 동사의 완료, 미완료, 능동분사, 수동분사 〉

| 형 | 완료형 | 미완료형<br>(직설법) | 능동분사 | 수동분사 |
|---|---|---|---|---|
| 1 | فَعَلَ | يَفْعُلُ | فَاعِلٌ | مَفْعُولٌ |
| 2 | فَعَّلَ | يُفَعِّلُ | مُفَعِّلٌ | مُفَعَّلٌ |
| 3 | فَاعَلَ | يُفَاعِلُ | مُفَاعِلٌ | مُفَاعَلٌ |
| 4 | أَفْعَلَ | يُفْعِلُ | مُفْعِلٌ | مُفْعَلٌ |
| 5 | تَفَعَّلَ | يَتَفَعَّلُ | مُتَفَعِّلٌ | — |
| 6 | تَفَاعَلَ | يَتَفَاعَلُ | مُتَفَاعِلٌ | مُتَفَاعَلٌ |
| 7 | اِنْفَعَلَ | يَنْفَعِلُ | مُنْفَعِلٌ | — |
| 8 | اِفْتَعَلَ | يَفْتَعِلُ | مُفْتَعِلٌ | مُفْتَعَلٌ |
| 9 | اِفْعَلَّ | يَفْعَلُّ | مُفْعَلٌّ | — |
| 10 | اِسْتَفْعَلَ | يَسْتَفْعِلُ | مُسْتَفْعِلٌ | مُسْتَفْعَلٌ |

**참고** : 1형 완료형 중간모음이 "아", "이", "우" 3가지 경우를 가짐

1형 미완료 중간모음(오른쪽에서 3번째)이 "아", "이", "우" 3가지 경우를 가짐

## 〈 1~10형 동사의 수동태, 수동분사 〉

| 형 | 완료형 | 완료형수동태 | 미완료형<br>(직설법) | 미완료 | 수동분사 |
|---|---|---|---|---|---|
| 1 | فَعَلَ | فُعِلَ | يَفْعَلُ | يُفْعَلُ | مَفْعُولٌ |
| 2 | فَعَّلَ | فُعِّلَ | يُفَعِّلُ | يُفَعَّلُ | مُفَعَّلٌ |
| 3 | فَاعَلَ | فُوعِلَ | يُفَاعِلُ | يُفَاعَلُ | مُفَاعَلٌ |
| 4 | أَفْعَلَ | أُفْعِلَ | يُفْعِلُ | يُفْعَلُ | مُفْعَلٌ |
| 5 | تَفَعَّلَ | ─ | يَتَفَعَّلُ | ─ | ─ |
| 6 | تَفَاعَلَ | ─ | يَتَفَاعَلُ | ─ | مُتَفَاعَلٌ |
| 7 | اِنْفَعَلَ | ─ | يَنْفَعِلُ | ─ | ─ |
| 8 | اِفْتَعَلَ | أُفْتُعِلَ | يَفْتَعِلُ | يُفْتَعَلُ | مُفْتَعَلٌ |
| 9 | اِفْعَلَّ | ─ | يَفْعَلُّ | ─ | ─ |
| 10 | اِسْتَفْعَلَ | أُسْتُفْعِلَ | يَسْتَفْعِلُ | يَسْتَفْعَلُ | مُسْتَفْعَلٌ |

## 〈 인칭대명사 단수, 쌍수, 복수 〉

| 인칭<br>수 | 1인칭 | 2인칭남성 | 2인칭여성 | 3인칭남성 | 3인칭여성 |
|---|---|---|---|---|---|
| 단수 | أَنَا | أَنْتَ | أَنْتِ | هُوَ | هِيَ |
| 쌍수 | نَحْنُ | أَنْتُمَا | | هُمَا | |
| 복수 | | أَنْتُمْ | أَنْتُنَّ | هُمْ | هُنَّ |

## 〈 접미 인칭대명사 단수, 쌍수, 복수 〉

| 인칭<br>수 | 1인칭 | 2인칭남성 | 2인칭여성 | 3인칭남성 | 3인칭여성 |
|---|---|---|---|---|---|
| 단수 | ـِي / ـِنِي | ـكَ | ـكِ | ـهُ | ـهَا |
| 쌍수 | نَا | ـكُمَا | | ـهُمَا | |
| 복수 | | ـكُمْ | ـكُنَّ | ـهُمْ | ـهُنَّ |

**참고 :** 접미대명사 1인칭일때는 명사뒤에서는 " ـِي " 동사나 부사뒤에는 " ـِنِي " 을 쓴다.

# 유라시아어학원
## urAsia Academy of Languages

프랑스어
스페인어
이탈리아어
독일어
러시아어
포르투갈어(브라질)
터키어
아랍어
힌디어
중국어
베트남어
인도네시아어
태국어
일본어
한국어
어

유라시아어학원

# EUR A SIA

- 자연감성 학원수업
- 시공초월 화상수업 (Live수업, VOD)
- 1:1 맞춤수업
- 기업체출강

서울특별시강남교육지원청
SEOUL GANGNAM DISTRICT OFFICE OF EDUCATION

# 유라시아어학원 강좌안내

| 프랑스어 | 스페인어 | 브라질어 | 러시아어 | 아랍어 | 베트남어 | 인니어 | 터키어 | 태국어 | 한국어 |
|---|---|---|---|---|---|---|---|---|---|
| 정규과정 | 정규과정 | 정규과정 | 정규과정 | 정규과정 | 정규과정 | 정규과정 | 정규과정 | 정규과정 | 정규과정 |
| 델프/TCF | 델레 | 셀피브라스 | 토르플 | 문법정리 | | | | | |
| FLEX/SAT | FLEX/SAT | | FLEX | 수능대비 | 수능대비 | FLEX/OPi | | FLEX | |

*** 오프라인 및 화상 1:1맞춤수업 / 전화수업 / 기업체출강 / 통번역 (모든언어) ***
*** 기타언어: 독일어, 이탈리아어, 힌디어, 영어, 일본어, 중국어 etc. ***

## 원어민교육

유라시아어학원에서는 "나는 강남으로 어학연수 간다" 라는 케치프레이즈를 걸고 최소 비용으로 어학연수 효과를 볼 수 있도록 프로그램을 구축해 나가고 있습니다.

## 한국인강사

원어민 교육전 기초수준의 문법과 언어이해를 도울 있도록 하며, 특히, 주요 시험준비반은 가장 실력있 전문 선생님을 모시고 니즈에 따른 맥을 짚어 드릴 입니다.

## 기본학원강좌

정규강좌는 친교나 정보교환을 통하여 커뮤니티를 형성 할 수 있습니다.
정규수강인원: 3인개강 ~ 8인 이하 인텐시브

## 1:1 & 소규모구성

맞춤수업은 요청시에 개설되며 진도방향, 횟수, 시간, 요일을 맞춤으로 진행할 수 있으며 주로 1:1 ~ 최소인원으로 진행합니다.

## 기업출강

외국어연수를 실시하려는 기업을 위한 맞춤 프로그램 입니다. 기업의 필요에 따라서 기업교육장에서 프로그램 및 교육일정이 맞춤으로 진행됩니다.

## 통번역서비스

각 언어별 통.번역 네트워크를 갖추고 전문적인 번역 및 통역서비스를 제공하고 있습니다.

## 유학 어학연수정보

어학연수 & 호텔학교등 정규유학정보를 제공하고, 진로상담을 받을 수 있습니다.

## e-learning

원격 실시간으로 진행되는 1:1 화상수업은 쌍방 집중 어학학습이 가능하며, 여기에 동영상(VOD 수업을 더한다면 충분히 어학능력을 향상 시킬 있을 것입니다.